엄마, 서울은 왜 이래?

한유정 첫 번째 독립출판 에세이

프롤로그

-내가 그토록 경주를
사랑할 수 밖에 없었던 이유는

Part 1. 엄마, 나 서울에서 살고 싶어

 - 내겐 너무나 매혹적인 도시였던 '서울'
 - 서울에서 태어나는 건 대단한 스펙이다
 - 동생 덕분에 갑자기 결정된 서울행
 - 서울특별시 시민이 되면 꼭 하고 싶은 것

Part 2. 엄마, 서울은 왜 이래?

 - 말문이 '턱' 막히는 서울의 살인적인 월세
 - 매일 지옥철에 시달리며 밥벌이를 하러 간다는 것은
 - 경주 사람이 경주 말을 쓰는 건 당연한 일인 것을
 - 내겐 너무 아찔한 삼겹살 1인분 가격
 - 서울에서 미'어른'으로 살아간다는 것은
 - 아메리카노 한 잔에 7천 원이라뇨?

Part 3. 엄마, 나 서울이 좀 재미있어

- 친구 따라 '역삼' 간다
- 이토록 만족스러운 동네가 있었다니
- 역삼동에 산다고 다 부자는 아닌데요?
- 집에서 가까운 회사를 선택한 것은 신의 한수
- 엄마, 아빠의 평생 전속 가이드가 되어드리리다

Part 4. 엄마, 언젠가 경주로 돌아갈래.

- 온 가족이 함께 경주에서 살아갈 수는 없는 것일까
- 마흔이 되면, 경주로 돌아가 책방을 열어야지
- 생의 마지막은 내가 태어난 '경주'에서

프롤로그

내가 경주를 그토록 사랑할 수밖에 없었던 이유는

"유정 씨는 경주시 홍보대사 같아요"

 잠시라도 나와 이야기를 나눈 사람들이라면 어김없이 이렇게 말했다. 다른 주제로 대화를 시작하더라도 꼭 마지막에는 경주 자랑을 늘어놓기 때문이겠지. 분명 의도한 것은 아닌데, 나도 모르게 무의식적으로 마치 경주시가 임명한 홍보 대사인 것처럼 행동하고 있다.

 살면서 최소한 한 번은 경주에 와봐야 한다고, 봄에 벚꽃이 피면 세상에 얼마나 예쁜지 상상도 못할 것이라고, 유적지는 또 얼마나 많은지 길거리를 돌아다니기만 해도 신라시대 왕릉을 볼 수 있다고, 경주는 함부로 아파트도 지을 수 없다고, 땅만 파면 반짝이는 금관과 귀족이 사용했을법한 토기와 술병 등 각종 유물이 쏟아져 나오는 탓에 건설 기간이 타 지역에 비해 족히 2배는 넘게 소요된다고.

 오직 경주 사람만이 알고 있는 특장점들을 속사포로 상대방에게 거침없이 쏟아낸다. 나만의 경주 찬양랩은 그들로부터 "어머나, 그렇게까지 말씀하시니 제가 이번 달 내로 경주에 꼭

가볼게요!"라는 확답을 받아내고 나서야 비로소 끝을 맺는다.

 어느 날, 문득 내가 왜 이렇게까지 끊임없이 경주 자랑을 쏟아내는지 그 이유에 대해 생각해 본 적이 있었다. 단순히 문화재가 많아서? 관광지가 많아서? 자연 경관이 아름다워서? 그것 만으로는 내가 거의 병적으로 경주 홍보대사를 자청하는 이유로 충분하지 않다는 생각이 들었다. 답을 찾고 싶었다. 왜 이렇게까지 하는지. 하지만 한가롭게 스스로의 물음에 대해 답을 찾아나갈 시간적 여유 따위 없었다.

 그렇게 한 달쯤이 지났을까? 이직을 결심하게 되면서 약 2주간의 시간이 생겼다. 답을 찾을 절호의 기회가 생긴 것이다. 명확한 이유를 알아내기 위해서는 서울이 아닌 경주에서 시간을 보내는 것이 좋겠다고 생각했다. 사실은 모처럼 생긴 여유 시간을 회색빛으로 가득한 삭막한 서울에서 보내기가 싫은게 더 컸다.

 사표가 수리된 날, 곧바로 짐을 꾸려 내 몸만한 캐리어를 끌고 스윗한 나의 고향, 경주로 내려왔다. 실로 오랜만에 딸이 내려온다는 소식을 듣고 부모님께서 역까지 마중을 나오셨다.

반가운 마음에 구두를 신었음에도 한달음에 달려가 안겼다.

 엄마는 그동안 이직 준비하느라 고생 많이 했다며, 삼겹살을 구워주셨다. 엄마표 김장김치에 삼겹살을 돌돌 말아 입에 넣으니 축제가 따로 없었다. 고무줄 바지로 갈아입고 정신을 잃을 정도로 한바탕 먹었다. 식사를 마친 후, 한껏 부풀어 오른 배를 두드리고 있던 내게 엄마는 특별한 제안을 했다. 앞으로 2주 동안 매일 새벽, 본인과 산책을 가지 않겠냐고.

 엄마는 산책을 참 좋아한다. 50대에 접어들며 특히 더더욱 그렇다. 그걸 알기에 흔쾌히 승낙했다. 사실 이번 2주 만큼은 늘어지게 늦잠을 자고 싶었지만, 엄마 부탁인데 고작 그것 하나 못 들어주겠나 싶었다.

 이튿날, 전날 삼겹살을 엄청 먹고 잔 터라 한껏 부은 얼굴로 일어났다. 창문을 보니 미처 동도 트기 전이었다. 다른 식구들이 혹시 일어날까 봐, 발뒤꿈치를 들고 살금살금 안방으로 가니 엄마도 막 일어나서 산책을 나갈 준비를 하는 중이었다. 우리 모녀는 '이 새벽에 누가 우리를 보겠어'라며 세수만 대충하고 본격적인 산책에 나섰다.

경주 집은 이제 막 개발을 시작한 신도시에 건설된 아파트다. 사실상 우리 집이 첫 아파트라 주변을 둘러보면 산과 나무 밖에 없다. 밤에 자려고 침대에 누우면 개구리 소리, 귀뚜라미 울음이 울려 퍼져 쉬이 잠을 못 이룰 정도다. 한마디로 자연친화적인 아파트라 할 수 있겠다. 그렇다 보니 산책하기에 더없이 안성맞춤이다. 공기도 맑고, 도심에서는 쉽게 접할 수 없는 식물들도 많이 볼 수 있다. 자연 경관은 어찌나 아름다운지. 울창한 나무들을 보며 걷고 있노라면 서울에서의 스트레스가 한달음에 달아난다.

 무엇보다 엄마와의 산책이 즐거운 이유는 바로 '대화'다. 우린 참 많은 이야기를 나눈다. 서로의 일상은 물론, 향후 미래까지 논의한다. 친구 같은 엄마는 내게 무엇이든지 다 털어 놓는다. 주변을 보면 혹여나 자식이 걱정할까 봐, 숨기는 것이 많은 부모들이 참 많은데 우리 엄마는 좀 다르다. 좋은 일이든, 슬픈 일이든, 숨김없이 공유하고 해결법을 함께 의논한다. 엄마의 방식이 참 좋다. 부모라고 무조건 힘들고 어려운 상황을 외로이 안고 갈 필요는 없지 않은가.

대화로 시작해서 대화로 끝나기에 언제나 즐거운 엄마의 산책은 2주 내내 새벽마다 이어졌다. 서늘하지만 깨끗한 새벽의 공기를 들이 마시며, 팔짱을 끼고 도란도란 이야기꽃을 피우면서. 서울에서는 그렇게 느리게 흐르던 시간이 경주에는 왜 그렇게도 쏜살같이 흘러가는지. 가능한 이 순간이 오래 이어졌으면 했지만, 결국 새벽 산책의 마지막 날이 오고야 말았다.

 어김없이 엄마와 난 세수만 하고 집을 나섰다. 그런데 그날 따라 유난히 새벽 공기가 차가운 것이 아닌가. 온몸을 파고드는 냉기에 난 따뜻한 곳에 잠시 엄마를 세워두고, 근처 편의점으로 달려갔다. 한 잔에 천 원에 불과하지만, 향과 풍미는 스타벅스 못지않은 편의점표 따뜻한 아메리카노를 2잔 구입했다. 테이크아웃용 종이컵을 받아들고 커피 머신 앞에 섰다. 아메리카노 버튼을 누르고 잠시 기다리면서 나도 모르게 생각에 잠겼다.

 그러다 갑자기 불현듯 내가 그렇게나 궁금했던 답을 찾았다. 거짓말처럼. 답을 알아차린 순간 깜짝 놀라서 "아!"라고 소리치니 편의점 알바생도 덩달아 놀라 토끼 눈을 하며 나를 쳐다봤다. 당황한 그가 "무슨 일 있으세요?"라고 묻자, 나는 손사래를 치며 아무 일도 아니라고 답했다. 그리고는 뜨거운지도 모르고, 아메리카노가 담긴 컵을 꽉 움켜쥐고서는 곧장 밖으로 나갔다. 기다리고 있는 엄마를 생각하면 빨리 가야하지만, 무언가에 홀린 듯 잠시 편의점 의자에 앉아 황급히 메모장을 켰다. 방금 찾은 답을 정확하게 기록해 두지 않으면, 까먹을 것 같았으니까. 어두운 새벽, 더더욱 밝게 빛나보이는 메모 앱에 '내가 그토록 경주를 좋아했던 이유는 그곳에 엄마가 있어서기 때문이다.'라고 적었다. 내가 써내려간 답이 잘 저장되었는지 두세 번을 더 확인하고 나서야 정신이 돌아왔고, 엄마에게로 급히 발걸음을 돌렸다. 커피는 이미 다 식어버렸지만.

사실 엄마랑 처음부터 친구같은 관계를 유지했던 것은 아니다. 생각이 많은 탓에 다른 친구들보다 유별난 사춘기를 겪었던 터라 엄마는 나 때문에 한동안 힘든 시간을 보내야만 했다. 공부고 뭐고, 다 모르겠다며 방황하며 혼자만의 동굴에 스스로를 가둔 나를 꼭 보듬어 준 사람은 엄마였다. 그저 나를 다그치기만 했을 수도 있었을 텐데, 엄마는 결코 단 한 번도 그러지 않았다.

답답함을 토로하며, 바다를 보고 싶다는 나를 차에 태워 밤을

꼬박 새워 바닷가에 가준 사람도 단 한사람, 우리 엄마였다. 밤새 바닷가를 향해 내달리고 아침이면 도착해 함께 차에 앉아 동이 트는 것을 물끄러미 지켜봤다. "엄마, 나는 도대체 왜 이러는 걸까? 나도 도대체 내 마음이 어떤 지를 잘 모르겠어." 라며 고민하는 나를 말없이 안아준 것도 단 한사람, 우리 엄마였다.

 수학 학원을 운영하는 엄마는 늦은 밤까지 일하는 날이 많다. 고등학생 수업이 잡히는 날에는 자정이 넘도록 일할 때도 많았다. 살림을 하며, 일까지 병행하려면 얼마나 고단했을까. 하지만 혹독한 사춘기를 겪으며 삶의 방향을 잃은 딸을 위해 엄마는 초인적인 힘을 발휘했다.

 숱한 노력 끝에 엄마는 나를 깊은 수렁 속에서 건져 올려 주었다. 다시 온전한 나로 살 수 있게 만들어 줬다. 엄마는 위대하다. 엄마이기 이전에 다시는 없을 내 삶의 은인이다. 나에게 이 세상 무엇과도 바꿀 수 없는 소중한 사람이기에 그런 엄마와 함께 발걸음을 맞춰 산책을 하고, 대화를 나누고, 맛있는 음식을 먹고, 함께 이불을 덮고 잠에 빠져들었던 경주가 좋았던 것이다. 그걸 이제야 알아차리다니...

2주간의 재충전을 마치고, 경주로 돌아오는 날 엄마와 아빠의 따뜻한 배웅을 받았다. 서울행 KTX에 몸을 싣고, 곧장 핸드폰을 꺼내들었다. 빠른 손놀림으로 딸을 보내고 무거운 발걸음으로 아빠와 함께 주차장으로 돌아가고 있을 엄마에게 카톡을 보냈다.

"사랑하는 엄마,
난 경주에 엄마가 있어서 참 좋아.
엄마가 있어서 경주는 언제나
돌아오고 싶은 곳이라는 사실, 절대 잊지 말아줘."

Part 1.

엄마, 나 서울에서 살고 싶어

내겐 너무나 매혹적인 도시였던 '서울'

서울에서 태어나는 건 대단한 스펙이다

동생 덕분에 갑자기 결정된 서울행

서울특별시 시민이 되면 꼭 하고 싶은 것

내겐 너무나
매혹적인 도시였던
'서울'

"당신 딸은 서울에 가서 살 팔자입니다"

 예약 대기를 거는 데만 최소 한 달이 넘게 걸린다는 유명한 무당이 엄마에게 정확히 이렇게 말했다고 한다. 내 생년월일과 태어난 시간을 알려주자마자, 당신 딸은 경주에서 살 수 있는 팔자가 아니라며 무조건 서울로 보내라고 소리쳤단다.

 점집에서 나오자마자, 엄마는 신입생 오리엔테이션을 마치고 집으로 돌아오던 내게 전화를 걸어 점쟁이이의 말을 생생하게 전해주었다. 난 엄마에게 딱 잘라 말했다.

"내가 서울은 무슨, 서울!"이라고.

 사실 난 대학교 1학년 때까지만 해도 서울에 갈 일이 전혀 없었다. 둘째 외삼촌이 살고 계시긴 했지만, 대부분 직접 내려오셨으니까. 또, 아빠와 엄마도 서울에 데리고 가준 적이 단 한 번도 없었다.

 그 부분이 참 이상하다. 강원도 고성 통일 전망대나 속초, 양양, 삼척은 여러 차례 데리고 갔으면서 서울은 한 번도 가지 않은 것이 말이다. 내 마음대로 살짝 추측을 해보자면, 쥐방울만한 어린아이들을 데리고 본인들도 살면서 한 번도 가본 적이 없는 서울을 자유롭게 활보할 자신이 없어서가 아닐까.

 그렇게 나는 서울과 동떨어진 삶을 살았다. 다른 친구들은 뉴스에 서울 이야기가 나오면 "와~ 나 저기 가봤는데 진짜 좋더라!"라며 보란 듯이 으스댔는데, 난 아예 가본 적이 없었으니 별다른 감흥도 없었던 것이 사실이다.

 그런 내가 경주에서 살 팔자가 아니라, 서울에 가서 지내게 될 것이라니! 복채를 5만 원이나 준 엄마를 생각해서 솔직하게 말하지는 못했지만, 그 점쟁이 진짜 점쟁이가 맞긴 한 건가라는 의심이 강하게 피어올랐다. 엄마한테 다시는 그 점쟁이한테 점 보러 가지 말라고 소리라도 고래고래 지르고 싶은 심정이었다.

 정신없는 신입생 생활을 보내고 대학교 2학년이 되었다. 매일 동기들과 놀러 다니기에는 슬슬 취업 걱정을 해야 되는 시기였기에 공공기관이나 대기업에서 선발하는 서포터즈에 도전해 보기로 했다. 스펙도 쌓고 지원금도 받을 수 있어 일석이조

였으니까. 관련 사이트에 접속하니 국내 굴지의 은행에서 대학생 SNS 기자단을 모집하는 것이 아닌가. 그런데, 게시물에 달린 댓글을 보니 해당 공고가 매년 엄청난 경쟁률을 자랑했다며, 합격하기 진짜 어렵다고 떡하니 명시되어 있었다.

 괜히 기가 죽었다. 전국 각지의 쟁쟁한 대학생들과 경쟁할 자신이 없었다. 그래도 혹시 모르니 지원이라도 해볼까 싶어 급하게 자기소개서를 적었다. 잘 나온 사진까지 엄선하여 첨부하고 제출하기 버튼을 눌렀다. 정확히 2주가 흐른 뒤, 모르는 번호로 문자가 왔다. 또 스팸문자가 왔나라는 생각에 한껏 인상을 쓴 채로 봤는데 세상에나 1차 서류 합격 소식이 아닌가. 문자에 의하면 당장 다음 주에 서울로 면접을 보러 가야 하는 상황이었다. 옷장을 한참을 뒤적여 가장 깔끔한 옷을 입고 본사에 면접을 보러 갔다.

 현장에 도착하니 어찌나 긴장되던지, 바짝 얼어버린 상태에서 면접을 보고야 말았다. 면접장을 나서는 순간, 난 불합격을 직감했다. 하지만 예상을 뒤엎고 최종 합격 통보를 받았다. 전혀 생각지도 못했는데, 덜컥 날아든 합격 소식에 나는 서울을 자주 오고 가야 했다. 대부분 당일로 짧은 일정이었는데, 그래도 10만 원에 달하는 KTX 비용을 지불하며 서울까지 온 것이 아까워 서울 외삼촌과 둘째 고모 집에서 잠자리를 해결하면서 눈에 불을 켜고 서울 구경에 열을 올렸다.

 짧은 기간이었지만 서울의 핫플레이스들은 모조리 다 가보았다. 잠실 롯데월드를 시작으로 성수동 카페거리까지 지하철이 닿는 곳은 모두 둘러봤다. 그동안 난 경주에도 충분히 만족하는 사람이었다고 생각했는데, 한 번 서울 생활의 맛을 보기 시작하니 도저히 그 매력에 빠져나올 수가 없었다. 서울은 내게 마약과도 같은 존재였다. 특히 삼성역 코엑스몰은 환상 그 자체였다. 당시 서포터즈로 활약하던 은행의 본사가 근처에 있어 더더욱 자주 들른 곳이었다.

 그곳은 신세계였다. 내가 그렇게나 좋아하는 서점부터, 당장 사진을 찍어 인스타그램에 업로드하고 싶은 핫한 카페, 입이 떡 벌어질 만큼 큰 규모의 메가박스까지 모두 한곳에 모여 있었다. 가장 좋았던 것은 35도에 육박하는 무더운 여름에도 작은 땀 한 방울 흘리지 않고, 쇼핑은 물론 문화생활까지 모두 즐길 수 있다는 점이었다.

엄마를 닮아 유난히도 더위를 많이 타던 내게 더할 나위 없이 최적의 장소였다. 이보다 더 좋을 수는 없었다. 이른 아침부터 메가박스에 가서 조조 영화를 보고, 카페 마마스에 가서 청포도 주스에 파니니를 곁들여 점심을 해결하고, 빵빵해진 배를 부여잡고 소화를 시킬 겸 영풍문고에 들러 책을 둘러보고 마음에 드는 것을 구입했다. 그리고 한바탕 옷 구경을 하다가 다시 배가 고파지면 푸드코트로 발걸음을 옮겨 저녁을 해결했다. 하루 종일 먹고, 마시고, 보고, 쇼핑하고 이보다 더 완벽한 하루가 어디 있겠는가.

 서울에서 이렇게 매력적인 하루를 보내고 경주로 돌아오면 일상이 너무 따분하게 느껴졌다. 좋아하는 작가의 신간이 나와도 대형 서점이 없기에 오프라인에서 바로 살 수가 없었다. 가끔 밤늦게 커피 한 잔을 마시고 싶어도 문을 연 카페가 없었다. 돈이 있어도 딱히 쓸 만한 곳이 없었다. 사실 생각해 보면 분명 언제나 경주는 늘 한결같이 고요하고 단조로웠는데, 서울의 매력을 맛보고 나니 모든 것이 따분하게 느껴지기 시작했다. 스스로도 깜짝 놀랄 정도로.

 엄마는 부쩍 달라진 나를 보며 말했다. "유정아, 예전에 점쟁이 말이 영 틀린 것 아닌가 봐. 네가 이렇게 서울 생활을 동경하는 것을 보면 말이야." 애써 아니라고는 대답했지만, 나도 사실 그때 점쟁이의 예언이 옳을 수도 있겠다는 생각이 들었다. 엄마와의 대화가 끝나고, 곧장 내 방으로 들어와 침대에 드러누웠다. 식구들한테는 이제 자러 들어간다고 했지만 어쩐지 생각이 많아져 쉬이 잠이 오지 않아 침대 프레임 위에 놓인 일기장을 꺼내 들었다. 빈 페이지를 펼쳐 딱 한 문장을 썼다. 바로 이렇게.

"정말, 내가 서울에서 살게 되는 날이 올까? 점쟁이 말처럼."

서울에서
태어나는 건
대단한 스펙이다

다른 동기들에 비해 유난히 어깨가 무거웠다.

난 그들과 달리 동생이 2명이니까. 여기저기 돈 들어갈 일이 많은 부모님에게 등록금 부담까지 더하고 싶지 않았다. 그건 불효라고 생각했으니까. 그래서 악착같이 공부했다. 특히 대학교 4학년 1학기때는 정말 치열했다. 장학금을 사수하기 위해 늦은 밤까지 도서관을 지켰다. 하지만 새벽 5시 반에 일어나야 지각하지 않고 학교에 도착할 수 있는 시외 통학생인 내게 이러한 스케줄은 가히 살인적이었다. 점점 몸과 마음이 지쳐갔고, 몇 개월이 지나자 완전히 방전 상태가 되어버리고 말았다. 그러나 깡으로 버텼다.

아빠를 닮아 위가 약해서 커피를 마시면 어김없이 위경련이 찾아온다. 하지만 몰려오는 졸음을 자의로 이겨낼 수 없어 저녁 7시쯤이면 어김없이 편의점으로 향했다. 달달한 카라멜 마끼야또 하나를 골라 단숨에 마시고 캔을 버리러 쓰레기통으로 가는데, 그 옆의 대학내일이라는 잡지가 눈을 사로잡았다.

대학생을 대상으로 무료로 배포되는 매거진이었기에 머리도

식힐 겸 한 권 골라들고 자리로 돌아갔다. 옆 사람에게 방해가 되지 않게 슬며시 페이지를 넘겨보다가 우연히 사회 초년생 여성들의 서울 살이 적응기에 관한 글을 읽게 되었다.

 지방에 살던 이들이 상경하여 취업을 하며 겪는 다양한 에피소드들이 적나라하게 기록되어 있었다. 시간 가는 줄 모르고 한참을 읽었는데, 특히 '서울에서 태어나는 건 그 자체만으로도 대단한 스펙이다'라는 맥락의 구절을 보는 순간 너무 공감되어 하마터면 소리를 지를 뻔했다. 급히 입을 틀어막았더니 립스틱이 번져 버렸다. 보기 흉했지만, 대충 휴지로 닦아내고 다시 해당 페이지 읽기에 집중했다.

구구절절 다 절실히 공감되는 문장들이었다. 서울의 매력을 몰랐다면 모를까. 이미 서울의 맛을 보고 난 뒤로는 그곳에 사는 모든 일들이 부럽고 질투가 났다. 지방에서는 미친 듯이 공부해 공무원이 되거나, 공장에 들어가거나 혹은 20인 미만의 영세한 회사에 밖에 들어갈 수 없었다. 하지만 서울은 달랐다. 온갖 분야의 회사가 있었다. 지방과 달리 선택의 폭도 압도적으로 넓었다.

어디 그뿐이겠는가. 문화생활 수준도 비교할 수 없을 정도로 높았다. 부산, 대구처럼 내로라하는 지방 대도시가 아닌 이상에야 뮤지컬을 관람하는 일은 거의 불가능하다. 심지어 부산, 대구도 서울에서 막을 내린 공연이 내려오는데 아무리 못해도 최소 6개월 이상이 소요됐다. 늘 이러한 문화생활을 영위하는 서울 사람들은 공감하지 못하겠지만 지방은 현실은 그러하다. (아쉽게도, 시간이 꽤 흐른 지금도 여전히 크게 달라진 것은 없다.)

그래서 서울에서 태어난 친구들이 그렇게도 부러웠다.
질투가 불타올랐다.

대학교 2학년, 본격적인 대외활동을 시작할 때, 내가 소속된 단 한 팀을 제외하고 모두가 서울 사람이었다. 난 새벽부터 잽싸게 준비를 마쳐서 아빠 차를 타고 신경주역에 도착한 다음, KTX를 타고 서울역에 내려 집결지에 도착하기까지 장장 4시간 반이 소요됐다. 그러나 그들은 달랐다. 적게는 30분, 아무리 오래 걸려도 1시간 반이면 충분했다. 난 다른 걸 다 제외하고 교통비만 해도 13만 원이 드는데, 그들은 고작 지하철이나 버스비 1,300원이면 충분했다.

난 모임이 끝나면 서울에 사는 친척 집을 전전하거나, 경주행 마지막 KTX를 타기 위해 있는 힘껏 내달리기 바빴는데, 그들은 전혀 그럴 필요가 없었다. 서울이나 수도권에 살기에 팀원들과 함께 술자리를 가지며 회포를 풀기도 했고, 발전적인 모임을 가지기도 했다.

 나도 항상 합류하고 싶었고, 그들도 함께 하길 원했으나 불가능했다. 경주로 돌아가야 했으니까. 많은 인맥을 쌓을 수 있는 절호의 기회를 뿌리치고 서울역으로 발걸음을 옮길 때면 늘 어깨가 축 처져 있었다. 우울하고 화도 났다. 씁쓸했지만 그것이 현실이었다.

 가끔 우울과 분노, 씁쓸한 감정이 감당할 수 없을 만큼 커지는 날이면 눈물이 났다. 내 속도 모르고 시속 300km로 힘차게 달려가는 KTX에서 누가 볼세라 숨죽여 울었다. 그래서일까, 2016년 12월 무렵 SRT가 개통된 이후로는 되도록 KTX 탑승을 피하고 있다. KTX를 타면 옆 사람을 흘깃거리며, 숨죽여 눈물을 흘리던 내가 자꾸 떠올라서. 다시는 떠올리고 싶지 않은 기억이라서.

나쁜 기억을 다시는 떠올리지 않을 수 있는 대안이 있어서 참 다행이다.

SRT가 없었더라면,
난 오랫동안 과거의 우울한 나와 대면해야 했을 것이다.

동생 덕분에
갑자기 결정된
서울행

"나 방송작가 한번 해보면 어떨까?"

대학교 3학년 2학기를 지날 무렵, 대뜸 엄마 아빠에게 방송작가가 되겠노라 선언했다. 뜬금없이 이렇게 말한 이유는 단 하나. KBS 구성 작가 아카데미 과정에 등록하기 위해서였다.

교육비가 무려 150만 원에 달하는 데다가, 매주 KTX를 타고 서울을 오고 가야 했기에 교통비도 만만치 않았다.

3개월 동안 거의 300만 원이 드는 꼴이었으니까. 모아둔 돈은 수중에 하나도 없고, 염치없는 것을 잘 알지만 엄마, 아빠에게 투자를 부탁했다. 거금이라 조금이라도 망설일 줄 알았는데, 예상 밖으로 부모님은 단번에 수락하셨다. 그 자리에서 내 통장으로 돈을 보내주시기까지 하셨다. 큰딸이 이렇게나 간절히 부탁하는데, 무엇이든 못 들어주겠냐는 따뜻한 말도 덧붙이시면서.

그렇게 겨울방학 기간 내내 주말마다 서울을 오고 가며 방송작가 업무에 대해 익혀나갔다. 프로그램 구성안을 써보기도 하고, 자막을 뽑아보기도 했다. 인간극장의 메인 작가님께 다큐멘터리란 무엇인가에 대해서도 심도 있는 가르침을 받기도 했다. 그렇게 방송작가 생활에 대한 예습을 성공적으로 끝마친 뒤, 대학교 4학년 1학기 여름방학 정부 부처 소속의 방송작가가 될 수 있었다. 아, 물론 프리랜서였다.

 부푼 꿈을 안고 입성한 방송작가의 세계는 냉혹했다.

 물론 처음부터 한 꼭지를 맡아 글을 쓸 수 있는 기회가 오지 않으리라는 것은 잘 알고 있었지만 그래도 너무 바닥이었다. 야외 촬영에 필요한 수많은 소품을 혼자서 준비해야 했고, 촬영이 끝나면 잠시 쉬어갈 수도 없이 바로 자막을 뽑아내야 했다. 월드컵 혹은 올림픽 이슈가 있어 힘들게 촬영한 회차가 정상적으로 방영되지 않으면 페이가 나오지 않았다. 덕분에 방송작가가 되고 나서도 월세는 물론, 생활비까지 부모님께 손을 벌리는 최악의 상황이 발생했다.

 이를 악물고 견뎌 7개월 차에 접어들며, 몸담았던 프로그램이 개편을 앞두고 있는 시점에 난 결국 PD에게 찾아가 퇴사 의사를 밝혔다. PD는 구체적인 이유를 물었으나, 그와 대화를 지속하고 싶지 않았던 난 "저는 다른 일을 하고 싶습니다."라고 밝히며 편집실 문을 박차고 나왔다. 프리랜서인 탓에 사표 수리는 빠르게 진행되었고, 난 2주 만에 모든 것을 정리해 부모님의 품으로 돌아오게 되었다.

 그렇게 실패로 얼룩졌던 방송작가 생활에 마침표를 찍고 한동안 많이 방황했다. 허탈함이 온몸을 지배해 아무것도 할 수가 없었다. 집 밖에 나오는 것도 싫어 친구들도 거의 만나지 않았다. 그렇게 좋아하던 SNS도 들여다보지 않았다. 난 정말이지 그 어떤 것도 할 수가 없었으니까. 손가락 하나 까딱할 힘도 없었다. 진짜로.

 유별나다는 소리를 들을 정도로 외향적이었던 내가 집순이가 되어버리니 자존감이 한없이 떨어졌다. 공허한 마음을 달랠 길이 없어 미친 듯이 먹어댔다. 덕분에 위경련에 더더욱 자주 시달리게 되었고, 몸무게도 점점 늘어만 갔다. 갑작스럽게 살이 찌기 시작하니 몸이 둔해지기 시작했고 모든 것이 귀찮아졌다. 심지어 화장실 가는 것마저도. 인생에서 다시는 기억하고 싶지 않은 최악의 나날들이었다. 꿈에서라도 이 시기를 떠올리는 것이 혐오스러울 정도로 말이다.

그렇게 지옥 같은 두 달을 보냈다. 부모님은 생기를 완전히 잃어버린 나를 무척 안타까워했다.

 특히 세상에서 큰딸이 제일 좋다고 늘 말하는 아빠는 혹시나 내가 상처받을 것이 걱정되어 말은 하지 못했지만, 퇴근하고 나를 바라보는 아빠의 표정만으로도 그 마음을 충분히 짐작할 수 있었다. 안타까운 마음이 고스란히 묻어난 표정을 보면 '한유정. 제발 정신 좀 차리자!'라고 다그치며 내 마음을 다잡으려 노력했지만 소용없었다. 다음날 날이 밝으면 어김없이 난 또다시 영혼이 모두 빠져나가 버린 얼굴로 이불 속에 몸을 파묻고 있었다.

 내가 어둠 속에서 헤매고 있을 그 무렵, 동생은 대학 진학을 목전에 두고 있었다. 그녀는 꽤나 공부를 잘하는 우리 집 수재였는데, 덕분에 수도권 대학에 입학을 하게 된 것이었다. 동생의 입학일이 빠르게 다가오면서 엄마, 아빠는 전에 없이 초조해하기 시작했다.

 평소 남들은 기절초풍할 큰일에도 대범한 모습을 보였던 부모님이 이렇게 불안에 떨었던 이유는 도대체 무엇일까. 바로 여동생의 첫 홀로서기 때문이었다. 10살 차이의 늦둥이 남동생이 태어나기까지 여동생은 우리 집에서 가장 사랑스러운 막내이자 공주님이었다. 공부를 잘해서 고등학교 특별 기숙사에 입소할 수 있었음에도 엄마, 아빠 곁에 있고 싶어서 한사코 마다했던 사람이 바로 동생이었다. 유난히 홀로서기를 두려워했고, 부모님에 대한 애정이 남달랐던 아이였다.

 게다가 당시 뉴스에서는 연일 수도권에서 일어나는 1인 가구 여성을 타깃으로 한 강력 범죄들이 보도되고 있는 상황이었다. 경주에서 차로 5시간을 넘게 달려가야 하는 곳으로 막내딸을 보내야 하는 부모님의 속은 하루가 다르게 타들어만 갔다. 부모님의 낯빛이 그렇게 어두워진 것은 그때가 처음이었다.

 바짝바짝 타들어 가는 부모님의 속도 모른 채 시간은 야속하게 흘러만 갔다. 입학식 2주 전, 모처럼 온 가족이 식탁에 둘러앉았다. 저녁 메뉴는 삼겹살이었다. 불판에 지글지글 익어가는 삼겹살을 바라보며 우리 가족은 이런저런 이야기들을 나누기 시작했다.

고기가 다 익어갈 무렵, 본격적으로 먹어보고자 소매를 걷어 붙이는 내게 엄마가 대뜸 "너, 소정(여동생)이랑 같이 서울 안 갈래?"라고 물어왔다. "계속 그렇게 집에만 있지 말고 서울에서 새로운 미래를 그려나가 보는 건 어때?"라며 나를 유혹했다. 사실 처음에는 살짝 짜증이 났다. 엄마의 제안이 오로지 나만을 위한 것이 아니었음을 알고 있었기 때문이다. 엄마가 보기에는 아무것도 모르는 핏덩이 같은 막내딸을 혼자 보내기가 두려웠기에 내가 함께 올라가 그녀의 든든한 보호자가 되어주길 바랐던 것이다. 겸사겸사 더 큰 회사에 취업도 하고 말이다.

 갑자기 날아든 제안에 당황하고 놀라 입맛이 확 떨어졌다. 오로지 나만을 위한 제안이었다면 한없이 기뻤을 텐데. 그게 아니라 속상한 마음이 더 컸다. 그런 내 마음을 알아차린 것일까. 엄마는 회심의 제안을 건넸다.

 "너, 소정이랑 같이 서울에 가면 엄마가 월세를 전부 지원해줄게. 거기다가 취업할 때까지 원하는 만큼 용돈도 두둑하게 줄게. 엄마가 준 돈으로 1~2달은 더 쉬면서 좋은 자리 알아봐." 절대 거절할 수 없을 만큼의 매력적인 제안에 나는 속절

없이 무너지고야 말았다.

 동생을 따라 서울에 가겠다고 대답한 뒤, 식사 자리를 뒤로하고 홀로 방으로 돌아왔다. 침대 프레임에 비스듬히 기대어 잠시 생각에 잠겼다. 동생의 보호자 자격으로 가는 것이 사실 많이 걱정이 됐다.

'사과 하나도 제대로 못 깎는 내가
 동생에게 따뜻한 밥을 지어줄 수 있을까?'

'내가 엄마, 아빠 대신 동생의
 든든한 보호자가 될 수 있을까?'

 생각에 생각이 꼬리를 무는 와중에 동생이 문을 벌컥 열고 들어왔다. 새하얀 이가 다 보일 정도로 환하게 웃으며 이렇게 말했다.

"난 언니야랑 서울 가는 거 너무 좋아! 나 진짜 걱정 많이 했는데, 이제야 두 발 뻗고 자겠다. 정말 고마워!"라고. 동생의 고마움과 그간의 걱정, 근심이 그대로 묻어 나오는 말에 그만

걱정을 내려놓기로 했다. 좋은 쪽만 생각하기로 했다.

 사실 이렇게 좋은 기회가 어디 있는가. 월세도 부모님이 지원해 주고, 게다가 용돈까지 넉넉하게 준다고 했으니까 한동안 여유를 부리며 서울을 구경할 수도 있다.

 긍정적인 면을 떠올리기 시작하니 다시금 기분이 좋아졌고, 서울에 과연 무엇을 챙겨갈지 골똘히 궁리하며 하루를 마무리 지었다.

서울특별시
시민이 되면
꼭 하고 싶은 것

"오, 서울이라니! 한유정 출세했네.
 서울에 가면 가장 먼저 뭐부터 해보고 싶어?"

 서울로 떠나기 일주일 전, 친한 친구를 만났다. 한동안 보지 못하리라는 아쉬움에 우린 카페에 전세라도 낸 것처럼 3시간이나 수다를 떨었다. 주문한 레몬에이드의 얼음이 모두 녹아 맛이 밍밍해질 무렵, 친구가 대뜸 이렇게 물었다. 서울로 이사 가면 제일 먼저 뭐부터 할 것이냐고.

 그녀는 내가 단번에 대답하리라 생각한 듯했다. 그러나 난 곧바로 답할 수가 없었다. 해보고 싶은 것들이 너무도 많아 우선순위를 정할 수가 없었으니까. 머리를 쥐어뜯으며, 애써 제일 먼저 하고 싶은 것을 정해 보려는 내 모습을 보고 친구는 한참 동안 크게 웃었다. 옆자리에 앉은 아주머니들의 따가운 눈총이 쏟아지는 데도 아랑곳하지 않고 말이다.

 서울에 가면 한동안 만나지 못할 친구라 내일 또 만나기로 하고 헤어졌다. 버스를 타고 집으로 돌아와 편안한 옷으로 갈아입었다. 곧 떠나야 하기에 짐을 꾸려야 했지만, 오랜만의 외출에 기력을 모두 소진한 탓에 잠시 쉬고 싶다는 생각이 간절했다. 차가운 물 한 컵을 마시고, 거실 소파에 대자로 누웠다. 살짝 열린 창문 틈 사이로 불어오는 선선한 바람을 맞으며 잠시 눈을 감으려던 찰나, 갑자기 정신이 번쩍 들었다.

 지금 이렇게 여유롭게 있을 때가 아니라는 생각이 들었기 때문. 그동안 서울에 가면 하고 싶었던 일들이 얼마나 많은가. 더군다나 내일은 친구가 아까와 동일한 질문을 던졌을 때, 꼭 시원하게 대답하고 싶은 마음이 컸다. 서둘러 몸을 일으켜, 노트북을 들고 식탁에 앉았다. 아무것도 적혀 있지 않은 워드 파일에 서울에 가서 하고 싶은 것들을 하나씩 적어 내려갔다.

 밤 12시에 시작해 새벽 2시에 끝나는 심야 영화 보기, 강남역 교보문고에 가서 3시간 동안 책 읽기, 압구정 갤러리아 백화점에 가서 명품 쇼핑하기, 한강에 가서 조깅하고 라면 끓여 먹기, 24시간 카페에서 톡 쏘는 에이드 마시며 노트북으로 작업하기, 광장시장에 가서 장수 막걸리에 사이다 조금 섞어 빈대떡이랑 육전과 함께 마시기, 잠실 석촌호수에 가서 산책하고 벚꽃 구경하기를 비롯하여 약 오십 가지의 하고 싶은 것들을 꼼꼼하게 기록했다.

50가지에 달하는 리스트의 제목은 '서울특별시 시민이 되면 꼭 하고 싶은 것'이라 지었다. 내가 나열한 항목들은 경주시 시민으로서는 쉬이 할 수 없는 것들이었으니까. 변변한 영화관도 없는 경주. 메가박스와 롯데시네마가 있지만 위탁관이기에 영화 상영관이 최대 3개에 불과했다. 게다가 전국 단위로 흥행하는 영화만 개봉하는 탓에 애니메이션이나 비인기 영화는 아예 관람이 불가능했다.

뿐만 아니라 자정이 되기 전에 문을 닫았기에 늦은 밤 영화가 보고 싶어도 어찌할 방도가 없었다. 블로그나 인스타그램을 보면 서울 친구들은 새벽 1시에도 영화를 보러 가던데, 왜 경주에서는 실현 불가능한 일인 것인지 늘 답답했다.

하지만 이 리스트를 하나하나 공들여 작성하면서 그간 경주시민으로 살며 문화적인 혜택 측면에서 아쉬워했던 부분을 서울특별시 시민이 되는 설렘으로 모두 덮어버리기로 했다.

이튿날, 다시 집 근처의 스타벅스에서 친구를 만났다. 앞으로는 자주 보지 못하리라는 아쉬움에 친구는 한사코 본인이 커피값을 내겠다고 했다. 초록 앞치마를 두르고 카운터 앞을 지키고 있는 파트너님 앞에서 계속 실랑이를 하다가 결국 내가 졌다. 힘으로 밀려버렸다. 친구는 승리의 미소를 지어 보이며, 카드를 내밀었고 곧이어 따뜻한 커피가 우리 손에 쥐어졌다.

커피를 한 모금 마시자마자,
친구는 어제와 같은 질문을 했다.

"그래서, 서울 가서 제일 먼저 뭐부터
하고 싶은지 생각 좀 해봤어?"

"그럼, 어젯밤부터 네 질문만을 기다렸다고!
(리스트를 앞으로 내밀며) 자, 이것 좀 봐"

"(감탄을 금치 못하며) 와! 야 대박이다.
세상에 50개나 썼니? 대단하다, 대단해!"

"나~ 이거 쓸 때, 얼마나 좋았는데!
하마터면 지금 당장 서울로 갈 뻔."

"그래서, 여기서 제일 먼저 해보고 싶은 건 뭔데?"

 그건 바로 한강에서 라면 먹는 것이었다. 꽤나 소박해서 다들 놀랐는가? 예능 프로그램을 보면 꼭 한 번씩은 연예인들이 한강에서 라면을 먹는 장면이 나왔다. 돗자리를 펴고 삼삼오오 둘러앉아 뜨거운 김을 호호 불어가며 라면을 마시다시피 먹는 모습을 보면 그렇게나 부러웠다. 그들이 유달리 맛있게 먹는 것인지. 아니면 진짜 한강 편의점에 설치된 라면 기계가 라면의 풍미를 단숨에 끓어 올려주는 것인지, 밖에서 먹는 라면은 꼭 한강이 아니더라도 다 맛있게 느껴지는 것인지 알고 싶었다.

 나의 대답에 친구는 또다시 빵 터졌다. 그건 그냥 밖에서 먹어서 맛있는 것이라 단정 지으면서. 궁금하면 지금 당장 라면을 사서 바로 앞의 공원에 가서 끓여 먹자고 했다. 난 단호하게 거절하며 친구를 향해 부르짖었다.

"야! 제발 내 로망을 깨뜨리지 말라고! 지켜달라고!"

Part 2.

엄마, 서울은 왜 이래?

말문이 '턱' 막히는 서울의 살인적인 월세

매일 지옥철에 시달리며 밥벌이를 하러 간다는 것은

경주 사람이 경주 말을 쓰는 건 당연한 일인 것을

서울에서 미'어른'으로 살아간다는 것은

아메리카노 한 잔에 7천 원이라뇨?

말문이 '턱' 막히는
서울의 살인적인 월세

"유정아, 빨리 일어나라"

 전날 미리 맞춰둔 알람이 울리기도 전, 누군가 나를 강하게 흔들어 깨웠다. 눈을 슬며시 떠보니 엄마였다. 평소였다면 쉬이 일어나지 못했겠지만, 그날만큼은 엄마가 깨우자마자 곧바로 자리를 털고 일어났다. 졸음을 쫓아내기 위해 화장실로 무거운 발걸음을 옮겼다. 손이 삽시간에 붉어질 정도로 차가운 물로 세수를 하고 대충 화장을 했다.

 슬슬 준비가 끝나가는 내게 엄마가 슬며시 다가와 목도리를 건넸다. 새벽 공기가 무척 차다며, 감기에 걸리지 않으려면 지금 당장 이걸 목에 두르라는 말을 덧붙이면서. 귀찮았지만, 못이기는 척 건네받아 대충 휙휙 둘러매고 엄마가 운전하는 차에 몸을 실었다. 기차 시간이 얼마 남지 않은 상황이라, 엄마는 속도를 높였다. 다행히 새벽이라 도로는 한산했다. 30분 거리를 15분 만에 달려 우린 신경주역에 도착했다. 역과 가장 가까운 주차장에 차를 두고 플랫폼으로 잽싸게 뛰어 올라갔다.

 한 겨울인데다가 새벽이라 공기가 더욱 차갑게 느껴졌다.

옷깃 사이로 스며드는 한기를 애써 외면하며, 열차에 올랐다. 다행히 기차 안은 성능 좋은 히터 덕분인지, 집보다 훨씬 따뜻했다. 온몸을 휘감는 기분 좋은 온기에 두꺼운 외투를 냉큼 벗어던지고 엄마 어깨에 기대어 한숨 푹 잤다. 여기가 기차인지, 내 방인지 분간이 가지 않을 정도로 말이다.

 엄마와 내가 꼭두새벽부터 서울행 KTX에 몸을 실은 이유는 단 하나, 살 집을 구하기 위해서였다. 상경까지 단 일주일밖에 남지 않았던 시점이라 무조건 방을 구해야만 했다. 서울역에 도착한다는 안내 방송이 귓가를 울리자마자, 우리는 부리나케 짐을 챙겼고 하차와 동시에 지하철 타는 곳으로 빠르게 달렸다. 평소 구두만 신고 다니는 엄마도 그날만큼은 하루 종일 걸어야 한다는 사실을 알았는지 운동화를 신었다.

 입김이 나올 정도로 차디찬 역사 안에서 지하철을 기다리며 엄마는 사뭇 단호한 어조로 말했다. "우리 오늘 무조건 방 구해야 하는 거 알지? 만약에 못 구하면 너랑 네 동생은 서울에서 노숙해야 되는 최악의 사태가 벌어질 수 있다는 거 명심해라" 엄마의 말을 들으니 한시바삐 좋은 방을 얻어야겠다는 생각에 마음이 조급해지기 시작했다. 아마 엄마도 그러했겠지.

며칠 전, 전화로 미리 약속을 잡아둔 공인중개사와는 신림역 5번 출구에서 만나기로 했다. 생각보다 일찍 도착한 탓에 엄마와 잠시 추위에 꽁꽁 얼어버린 몸을 녹이러 카페에 들어갔다. 따뜻한 바람이 흘러나오는 히터 앞자리에 앉아 우리는 다시 한번 예산을 꼼꼼하게 점검했다.

보증금 500만 원에 월세 50만 원.
오랜 논의 끝에 우리가 최종적으로 정한 예산이었다.

 사실 보증금 예산을 더 늘리고 싶은 마음이 굴뚝같았다. 그럼 월세가 상대적으로 저렴해지니까. 하지만 당시 부모님이 신축 프리미엄 아파트로 갓 이사하며 엄청난 잔금을 치른 터라 금전적인 여유가 없었다. 그래도 이 정도 예산이면 충분하리라 생각했다. 2명이 살 수 있는 좋은 방을 거뜬히 구할 수 있으리라 확신했다. 왜냐고? 경주에서는 롯*캐*, 푸*지*, 래*안 등의 메이저 브랜드 아파트 32평형대의 월세가 35~40만 원에 불과했으니까. 아파트 월세를 거뜬히 낼 수 있는 돈으로 원룸을 구하는 것이니 아무리 비싸기로 악명 높은 서울이라 해도 충분할 줄 알았다.

추위에 얼어붙은 몸을 녹이며, 달콤한 음료까지 마셨더니 긴장이 풀리며 기분이 좋아졌다. 엄마와 나는 콧노래를 흥얼거리며 한껏 들떠 중개사와의 약속 장소로 발걸음을 옮겼다. 5분 정도 기다리니 검은색 승용차와 함께 중개사가 등장했다. 대뜸 우리 보고 자기 차에 타라고 했다. 혼자라면 분명 망설였을 텐데, 엄마와 함께이니 안심하고 탔다. 우리가 뒷좌석에 앉자마자 그는 거세게 차를 몰아 굽이굽이 이어진 골목길을 따라 한참을 들어갔다.

"자, 도착했습니다. 내리세요!"

차에서 내리자마자 그는 우리를 빨간 벽돌이 시선을 사로잡는 한 원룸으로 이끌었다. 도어록 비밀번호 네 자리를 누르고, 문을 벌컥 열었다. 그런데 이게 무슨 일인가. 분명 전화로 "두 명이 살 것이니 원룸이지만 평수가 좀 넓었으면 한다. 또, 좀 오래된 방이어도 깨끗했으면 한다."라고 누누이 일러두었다. 중개사도 알았으니 전혀 걱정하실 필요 없다며 나를 몇 번이나 안심시켜줬었다. 하지만 문을 열어버린 순간 그와 나와의 신뢰는 와장창 박살이 나고야 말았다.

보증금 500만 원에 월세 50만 원, 관리비가 무려 월 10만 원에 육박하는 집이었음에도 숨이 막힐 정도로 좁았다. 집이라기보다는 창고에 가까웠다. 설령 창고라고 해도 좁다고 느껴질 정도였다. 엄마와 나의 굳어버린 표정을 보지 못한 중개사는 신이 나서 이렇게 말했다.

"여기는 중개 앱에 사진을 올려놓자마자
곧바로 문의가 쇄도하는 풀옵션 원룸이에요."라고.

당당한 태도에 화가 치밀어 올랐다. 눈을 질끈 감았다. 슬쩍 옆을 보니 엄마도 화가 단단히 난 듯했다. 애석하게도 중개사는 분위기 파악을 전혀 하지 못한 채로, 여긴 냉장고도 성능이 좋다며 주방 구석 쪽으로 손으로 가리켰다.

그가 자랑스럽게 선보인 냉장고는 허름한 숙박업소에 가면 흔히 볼 수 있는 작고 낡은 냉장고였다. 음식 솜씨가 좋기로 소문난 엄마가 보내줄 각종 김치며, 밑반찬들을 보관할 수 있는 크기가 전혀 아니었다. 공들여 만든 음식을 보내줘도 모두 실온에 방치해야 할 관국이었다. 냉장고를 보고 있으니 하마터면 욕이 튀어 나올 뻔 했다. 옆에 있는 엄마를 생각해 정말 간신히 참았다.

살벌한 분위기 속에서 중개사는 눈치없이
또 한마디를 덧붙였다.

"이 정도면 여자 둘이 살기에 딱 괜찮지 않나요? 여기도 원래 월세 55만 원인데, 전에 살던 세입자가 급하게 나가는 바람에 집주인이 급한 마음에 5만 원 깎아서 내놓은 귀하디 귀한 매물이랍니다."

이젠 그냥 어이가 없었다. 정녕 서울은 이런 곳이었던가.

보증금 500만 원에 월세 50만 원으로 고작 이 정도에 만족해야만 하는 것인가. 머리가 지끈거려 두통이 시작되려는 찰나, 엄마의 얼굴이 눈에 확 들어왔다. 좀처럼 당황하지 않는 우리 엄마였지만, 두 눈에 당혹스러움이 가득 서려 있었다. 엄마도 얼마나 황당하고 화가 났을까. 월세 50만 원 정도면 충분히 사랑하는 두 딸에게 좋은 방을 구해 줄 수 있을 줄로만 알았는데... 방금 본 곳은 도저히 엄마로서 두 딸을 보낼 수가 없을 정도였으니.

 중개사가 계속 떠들어댔지만, 우린 그를 외면하고 그저 가만히 서 있기만 했다. 그제야 냉랭한 분위기를 알아차린 그는 아직 보여드릴 방이 엄청 많다며 자신을 따라오라고 재촉했다.

 하지만 그러면 그렇지. 그를 따라간 두 번째 집도, 세 번째 집도 모두 최악이었다. 최악보다 더 나쁜 표현이 세상에 존재한다면 그걸 쓰고 싶을 정도로. 심지어 어떤 곳은 반지하도 있었다.

 이전 세입자의 옷장이 빠져나간 곳에는 곰팡이들이 오손도손 마을을 이루고 살고 있었다. 쿰쿰한 냄새가 우리 모녀의 코를 찔렀다. 그곳에서 밥을 먹을 생각하니, 구토가 쏠렸다. 어떤 음식을 먹어도 곰팡이 맛이 날 것만 같았다. 국밥을 먹어도 곰팡이 맛, 떡볶이를 먹어도 곰팡이 맛, 라면을 먹어도 곰팡이 맛이 날 것 같은 불길한 예감에 소름이 돋았다. 엄마도 나와 같은 생각을 했나 보다. 매서운 눈으로 중개사를 노려보며, 단호하게 여기는 절대 안 된다고 말했다.

계속 비슷한 컨디션의 집만 보게 되자, 결국 우리는 고심 끝에 월세를 올렸다. 무려 65만 원으로. 다급하게 경주에 있는 아빠에게 전화를 걸어 상황을 설명했다. 아빠는 딸들을 어떻게 그런 곳에 살게 하냐며 당장 월세를 올려서라도 좋은 집을 구할 것을 수차례 당부했다.

 월세를 높이자, 사람이 살 법한 정상적인 집들을 볼 수 있었다. 처음에는 한사코 역세권만 고집했지만, 나중에는 그것도 포기했다. 무엇보다 집 컨디션이 우선이었다. 여자 둘이 살아도 될 정도로 깨끗하고, 보안이 철저한 곳 위주로만 살펴봤다. 금액대가 높아지면 당연히 중개사에게 할당되는 수수료도 올라가기에 그는 더욱 신이 나서 집을 보여주기 시작했다. 심지어 보유한 곳 중에 마땅한 곳이 없으면, 다른 중개인에게 전화를 걸어 도움을 구하기까지 했다.

 결국 거의 20곳 가까이 둘러보고서야 마음에 쏙 드는 좋은 집을 구할 수 있었다. 역과는 거리가 좀 있었지만, 신축이라 시설이 좋고 깨끗했다. 집주인 아저씨도 과하다 싶을 정도로 친절하셨고, 보안 시스템도 잘 구축되어 있었다. 월세 65만 원에 관리비가 3만 원으로 원룸 주제에 한 달에 무려 68만 원을 들여야 하는 값비싼 곳이었지만 만족하기로 했다. 계약금으로 100만 원을 지불하고 집주인 아저씨와 계약서를 작성한 뒤, 경주행 마지막 KTX에 올라탔다.

 자리에 앉으니 발이 심하게 욱신거렸다. 양말을 벗어보니 엄지발가락과 뒤꿈치에 물집이 잡혀 있었다. 게다가 전체적으로 퉁퉁 부어있기까지 했다. 상황은 엄마도 별반 다르지 않았다. 우린 서울에서 경주로 오는 내내 완전히 기절했다. 서로의 어깨에 기대어 옆에 사람들이 지나가든 말든 아랑곳하지 않고 잤다. 집에 도착해서도, 화장 지울 힘이 없어서 그대로 자버렸다. 손가락 하나 까딱할 힘도 남아있지 않았으니까.

 그날 밤, 끔찍한 꿈을 꿨다.
 온 벽이 곰팡이로 둘러싸인
 2평 남짓한 방에서 엉엉 울며 라면을 먹는 꿈.

 서울에서 실제로 그런 방을 보고 온 탓인지 너무 생생해서 괴로웠다. 그 방에서 탈출하려고 몸부림을 쳤지만, 굳게 잠긴 방문은 열리지 않았다. 있는 힘껏 문을 두드리며 "제발, 여기서 내보내 주세요."라고 간곡히 부탁했지만 아무도 내 구조 요

청을 듣지 못했던 걸까. 난 꿈에서 깨어날 때까지 계속 그 방에 외로이 갇혀 있었다. 다 불어버린 차디찬 라면과 함께.
 겨우 일어나 보니 베개와 이불은 땀으로 흥건히 젖어 있었다. 실제로도 울었던 것일까. 얼굴에는 눈물 자국도 나 있었다.

 말이 나오지 않을 정도로 심각한 몰골을 보며 생각했다.

 곰팡이 하나 없는 좋은 방을 구해서 다행이라고.
엄마, 아빠가 아니었다면 난 진짜 끔찍한 집에서
수시로 집을 장악하는 곰팡이를 보며 미쳐버렸을 거라고.

매일 지옥철에 시달리며,
밥벌이를 하러
간다는 것은

해가 떠오르는 것이 두려웠다.
매일 아침이 오지 않기를 간절히 빌었다.
하지만 신은 무심했다.

아무리 싫다고 소리쳐도 어김없이 날은 밝아왔다. 동이 트면 난 출근을 해야만 했다. 밥벌이를 하는 것 자체가 싫은 것은 아니었다. 다만, 회사로 가기 위해 몸을 실어야만 하는 2호선 지하철이 너무 싫었을 뿐이었다.

엄마와 한겨울 갖은 고생 끝에 서울에서 처음으로 계약한 집은 신대방역 인근이었다. 회사가 있는 곳까지 가기 위해서는 집에서 역까지 걸어가 2호선을 타야만 했다. 언젠가 뉴스에서 적자투성이 서울 지하철에서 유일한 흑자 노선이 2호선 신도림~강남 구간이라는 보도를 접한 적이 있었다.

그때는 지하철이 없을 뿐만 아니라, 밤 9시가 되면 시내버스가 모두 끊겨 버리는 작은 도시에 살고 있었던 터라 전혀 관계가 없는 일이라 생각했다. 뉴스 보도 후, 각종 유명 커뮤니티에서도 관련 내용이 화제가 됐지만 대수롭지 않게 넘겼었다.

그러나 TV 속에서만 봤던 상황이 내 눈앞에서 펼쳐지기 시작하자, 너무 놀라워 입을 다물 수가 없었다.

 혹시 출근길 2호선 신도림~강남 구간을 이용해 본 적이 있는가? 살아있는 지옥이 따로 없다. 최악보다 더 최악이다. 출근 시간에 쫓기는 이들이 마치 좀비처럼 빠른 속도로 달려와 잽싸게 지하철에 올라타는 것을 보면 마치 '부산행'을 보는 것만 같다.

 분명히 지하철은 초만원 상태다. 단 한 곳도 발 디딜 곳이 없다. 아무리 찾아봐도 빈 공간이 없는 상태다. 하지만 사람들은 어떻게든 자신의 몸을 욱여넣는다. 곳곳에서 비명이 들려와도 아랑곳하지 않는다. 거침없이 밀고 들어와 자신만의 공간을 확보한다. 뾰족한 팔꿈치를 무기로 입구 쪽 자리를 차지하고 있는 사람들을 안쪽으로 강하게 밀며 설 곳을 마련한다.

 그렇게 문이 닫히면, 숨이 턱턱 막히기 시작한다. 겨우 158cm에 불과한 나는 앞사람과 뒷사람, 그리고 양옆의 사람에 끼여 제대로 숨을 쉴 수가 없다. 가슴이 답답하다. 머리가 어지러워진다. 심할 때는 구토가 밀려오기도 했다. 회사고 뭐고, 다 때려치우고 이놈의 2호선 좀 안 타고 싶다는 생각을 한 3만 번쯤 했었다.

 어느 날에는 앞에 서 있던 여자의 하이힐에 밟혀서 비명을 내지른 적도 있다. 얼마나 아팠는지 눈물까지 핑 돌았다. 아침부터 통증에 시달리니 열이 받아서 그녀에게 따져 물었다. 그러자 그녀는 아무렇지도 않은 표정으로 "죄송합니다" 한 마디만 툭 내뱉고 다음 역에서 하차해 버렸다. 극도로 분노해 손이 부들부들 떨리는 것을 간신히 부여잡고 겨우 회사까지 갔다.

 출근 시간이 임박해 가는 2호선 지옥철에서는 백발이 성성한 어르신도 결코 보호 대상이 아니었다. 마음이 급한 이들은 인정사정없이 그들을 밀치기 일쑤였고, 젊은이들의 강한 힘을 견디지 못한 그들은 이내 균형을 잃고 넘어지고는 했다.

 '윽' 하는 신음을 내며 주저앉은 어르신께 당장이라도 달려가 도움의 손길을 내밀고 싶었다. 하지만 그럴 수 없었다. 나의 현 위치는 사방으로 빈틈없이 사람들에게 둘러싸여 있는 2호선 지옥철. 아무리 애를 써도 그들에게 다가갈 수가 없었다. 난 한껏 몸이 구겨진 채로 마음속으로 간절히 빌었다. 누군가 그분의 손을 잡고 일으켜 주기를.

 워낙 사람이 많은 탓에 산소가 부족해져 숨까지 가빠지는 지옥철 2호선. 생지옥인 이곳도 잠시 텅 비어버리는 시간이 있다. 4호선으로 환승을 할 수 있는 사당역에 도착할 때다. 열차가 그곳에 근접하고 있음을 알리는 안내 방송이 나오면 내부의 공기가 사뭇 달라진다.

 서둘러 내릴 준비를 하느라 사람들이 분주해지기 시작한다. 한 번에 많은 사람들이 빠져나가기 때문에 혹시라도 떨어뜨릴까 염려되는 것인지, 다들 주섬주섬 핸드폰이나 지갑과 같은 작은 소지품을 가방에 넣는다. 빠르게 환승을 하기 위해서 가방을 고쳐 매는 이들도 있다.

 이윽고 열차가 사당역에 도착하여 문이 열리면 마치 누군가 뒤에서 쫓아오는 것 마냥 다들 전력 질주를 시작한다. 놀라운 속도로 앞다퉈 달려 나가는 사람들을 보고 있노라면 왠지 모르게 머리가 지끈거린다.

 사람들이 모두 지하철에서 내리고 사당역에 대기하고 있는 사람들이 열차에 오르는 그 찰나의 순간, 난 비로소 제대로 숨을 쉴 수가 있다. 갑자기 넓어진 공간, 풍부해진 산소의 양. 숨을 깊게 들이쉬고 내쉬고를 반복하다 보면 압사할 것만 같은 공포감에서 잠시 벗어날 수 있다.

하지만 그것도 잠시뿐. 곧이어 내린 사람들보다 훨씬 더 많은 이들이 벌떼처럼 몰려와 열차에 올라탄다. 특히 사당역에서 강남역까지의 구간은 제대로 서 있기조차 힘들다. 그럴 때면 다시금 난 '이렇게까지 몸이 구겨진 상태로 고통 받으며 출근을 하는 게 과연 옳은 일일까. 다시 경주로 내려가서 다른 일을 찾아볼까. 집에서 할 수 있는 일을 알아볼까'라는 생각에 잠긴다.

이 끔찍한 생활은 서울로 올라오고 무려 2년 동안이나 반복됐다. 결국 난 지쳤다. 회사 다니는 것보다 지옥철에 몸을 싣는 것이 더 고통이었다. 결국 견디다 못한 나는 퇴사 의사를 밝혔다. 출근 마지막 날, 이제 더는 초만원 지하철에 고통 받지 않아도 된다는 사실에 속이 그렇게 후련할 수가 없었다.

지옥철로 시작하여 지옥철로 마무리했던 그 회사를 그만둔

이후, 잠시 한 템포 쉬어가기로 했다. 한동안 경주에 내려가 지친 몸과 마음을 다스렸다. 새벽에 일어나 엄마와 산책도 하고, 책도 한없이 많이 읽었다. 지금 내가 한 권의 책을 써 내려갈 수 있는 것도 이 시기의 독서 덕분이라고 할 정도로.

 그렇게 한 달간 먹고, 자고, 읽고를 반복하다가 이제는 일상으로 돌아갈 수 있겠다는 용기가 생겼을 때, 난 곧장 짐을 챙겼다. 서울로 올라와 재취업 준비를 시작하면서, 딱 한 가지 조건을 세웠다. 지하철을 타지 않아도 되는, 집에서 걸어서 오고 다닐 수 있는 회사일 것. 다행히 난 집에서 20분 거리에 있는 회사에 입사하게 됐다. 덕분에 매일 아침 상쾌한 바람을 맞으며, 바삐 지나가는 사람들을 구경하며 여유롭게 걸어서 밥벌이를 하러 간다.

 이제 더는 숨이 막힐 듯한 답답함을 느끼며, 지하철에 몸을 싣지 않아도 되어 좋다. 아침부터 한껏 인상을 쓰며, 사무실 문을 열지 않아도 되어 기쁘다. 이른 아침의 맑은 공기를 한껏 마시며, 최상의 컨디션으로 업무를 시작할 수 있어 더없이 행복하다.

시간은 누구에게나 공평하다지만,
내게는 예외였으면 좋겠다.

지금이 이 소중한 시간을
흘러가게 내버려 두고 싶지 않으니까.

있는 힘껏 꽉 잡아두고 싶으니까.

경주 사람이
경주 말을 쓰는 건
당연한 일인 것을

맹세코 꿈에도 몰랐다.
사투리가 내 발목을 잡으리라는 것을.

 서울에서 날 가장 괴롭게 만든 것은 그 무엇도 아닌, 바로 '사투리'였다. 20년이 넘도록 경주에 살며, 사투리와 떼려야 뗄 수 없는 돈독한 사이를 유지해왔다. 경주 사람 중에서도 유난히 억양이 강했던 나는 상경 후, 표준어를 익혀 나가는 데 많은 어려움을 겪었다. 게다가 친동생과 함께 살며, 매일 사투리로 대화를 나눴기에 더더욱 고치는 것이 힘들었다.

 다들 알다시피 경주 사투리는 유난히 억양이 세다. 모르는 사람이 들으면 꼭 화를 내는 것처럼 느껴진다. 이 때문에 오해를 산 적이 한두 번이 아니다. 그저 내 의견을 피력한 것뿐인데, 사람들은 내게 왜 자꾸 화를 내는 것이냐, 차분하게 말하는 방법을 익히라는 등의 비난을 가했다. 억울했다. 난 정말 화를 낸 것이 아닌데.

 애석하게도 강한 어조의 경주 사투리로 곤욕을 겪는 일은 점점 늘어만 갔다. 숱한 오해를 샀다. 나날이 스트레스가 늘어갔다. 이대로는 울화통이 터져 죽을 것 같아 대책을 마련하기 시작했다. 사투리를 고쳐보기로 한 것이다. 사실 큰 기대는 하지 않았다. 어떻게 20년간 입에 붙은 사투리와 그렇게 쉽게 작별을 할 수 있겠는가. 하지만 노력해 보기로 했다.

일단 퇴근 후에는 무조건 TV 앞으로 달려가 온갖 뉴스를 시청했다. 뉴스에서 뱉어내는 세상의 이슈 따위에는 전혀 관심이 없었다. 정책이 어떻게 바뀌던, 세금이 얼마나 오르던, 내 알 바 아니었다. 내게 가장 중요했던 것은 이슈를 전해주는 아나운서의 발음이었다. 눈과 귀를 있는 힘껏 열어 아나운서의 표준어 발음을 듣고 입 모양을 살폈다. 확실히 나와는 달랐다.

눈에 띄게 다른 부분들은 일일이 기록을 하며, 틈이 날 때마다 연습을 했다. 또 말하는 속도를 높이면 더더욱 사투리가 심해지기 때문에, 상대가 다소 답답해하는 눈치여도 말을 천천히 하는 연습을 했다. 역시 노력은 나를 배신하지 않았다. 결과는 대성공이었다.

6개월 동안 각별히 주의하며, 노력을 기울인 결과 점점 오해를 사는 일이 줄었다. 회사에서도, 모임에서도 더는 유별난 경주 사투리로 사람들의 이목을 끌지 않았다. 드디어 자신 있게 내 의견을 피력할 수 있게 된 것이다.

하지만 좌절의 순간은 금방 찾아왔다. 이제 사투리를 어느 정도 고쳤다고 생각하며, 안도의 나날을 보내고 있던 어느 날이었다. 당시 다니던 회사에서 난데없이 비상 사태가 선포되었다.

내가 맡았던 업무는 온라인 광고 운영 쪽이었는데, 내게 인수인계를 해줬던 전임자의 실수로 최종 승인이 되지 않은 광고 상품이 웹에 노출되고 있었던 것이다. 실로 최악의 상황이었다. 자칫 잘못했다간 엄청난 손해 비용이 발생하게 되기 때문이다. 엄밀히 따져 보면 내 잘못은 아니었다. 그러나 그 상황에서 누구의 잘못을 따질 시간이 없었다. 한시바삐 움직여 상황을 해결해야만 했다. 서둘러 관련 업체에 전화를 걸어 조치를 취했고, 사태를 잘 마무리 지었다.

하지만 광고 운영 업무 전반에 치명타를 입을 수 있었던 상황이었기에 사무실 분위기는 무겁게 가라앉았다. 일은 잘 끝났지만, 난 온몸을 휘감은 당혹스러움과 두려움을 떨쳐낼 수가 없었다.

 늦은 오후, 이 모든 일의 최종 책임자인 상사가 나를 호출했다. 그는 나를 부르며 오늘 일어난 상황에 대한 내용을 정리해 보고해달라고 덧붙였다. 혹시 몰라 미리 만들어둔 보고서를 챙겨 회의실 앞으로 다가갔다.

 그런데, 지나치게 긴장해서였는지 도저히 회의실 문을 열고 들어갈 수가 없었다. 집이었다면 도망쳤을 것이다. 하지만 여긴 회사. 어쩔 방도가 없었다. 보고서 뭉치를 끌어안고 호흡을 가다듬었다. 문을 열고 들어가니 킹스맨 영화에서나 나올 법한 기나긴 테이블 끝에 상사가 앉아 있었다.

"유정 씨, 보고 시작해 보세요"

 굳은 표정으로 앉아 있는 상사를 보니 몸이 더 얼어버렸다. 침이 바싹바싹 말랐다. 당장이라도 정장을 벗고 정수기로 달려가 시원한 물을 벌컥벌컥 들이켜고 싶었다. 애써 마른침을 삼켜가며 보고를 시작했다. 그런데 그 심각한 상황에 계속해서 경주 사투리가 입 밖으로 튀어나왔다. 주체할 수가 없었다.

그래프를 보고 설명을 할 때도, 모든 상황을 요약하여 정리할 때도, 강한 어조의 사투리가 상사의 귀로 흘러 들어갔다. 식은땀이 났다. 검은색 정장 치마에 가려진 다리가 덜덜 떨리고 있는 것이 보였으나 애써 모른 척했다. 눈을 질끈 감고 보고를 끝마쳤다.

잠깐의 정적이 흘렀다. 상사는 나지막이 나를 불렀다. 후들거리는 다리를 간신히 부여잡고 그의 옆으로 가서 앉았다. 시종일관 굳은 표정을 유지했던 그는 살짝 미소를 지으며 보고를 잘 들었다고 말했다. 다시는 일어나서는 안 될 끔찍한 일이었지만, 빠르게 잘 수습되어 다행이라며 나를 다독여주었다. 분위기가 풀리며 나의 긴장까지 녹아내릴 무렵, 상사는 내게 사투리 이야기를 꺼냈다.

"유정 씨, 평소에 경주 사람치고 사투리를 별로 안 쓴다고 생각했어요. 그런데 오늘 보니 아니었네요. 많이 긴장한 탓인지 사투리를 계속 쓰던데요? 근데 나도 이해해요. 나도 지방 사람이라 갑자기 깜짝 놀라거나, 당황하면 어찌할 도리 없이 사투리가 튀어나오더라고요. 아, 마음이 급할 때도 그래요. 어김없이 숨겨왔던 사투리가 본색을 드러내죠."

 우린 사투리를 주제로 거의 1시간이 넘도록 회의실에서 이야기꽃을 피웠다. 누군가 나의 상황에 공감해 주는 것만으로도 큰 위안이 되는데, 가장 이해받고 싶었던 상사가 내 마음을 어루만져 주고 공감을 해주니 마음이 한결 가벼워졌다. 오늘 발생했던 대형 사고도 더는 생각나지 않을 만큼 평온해졌다.

 그날 밤, 난 집에 도착하자마자 하루 종일 발을 옥죄었던 구두를 벗어던지고 곧바로 드러누웠다. 뽀송뽀송한 이불의 감촉을 느끼며 잠에 빠지려는 찰나, 핸드폰이 요란하게 울렸다. 엄마에게서 걸려온 전화였다.

 엄마는 매일 저녁 전화를 하여 나의 하루를 물어본다. 그날은 유난히 엄마의 물음이 반가웠다. 회사에서 있었던 일을 남김없이 털어놓았더니 엄마는 대뜸 외삼촌 이야기를 꺼내셨다. 외삼촌께서는 지금으로부터 30년 전, 경주에서 대학교를 졸업하신 뒤 서울로 올라와 직장 생활을 시작하셨다. 평사원으로 시작하여 임원급 위치까지 올라가 결국엔 회사까지 설립하신 입지전적 인물이시다.

그런 외삼촌께 언젠가 엄마가 "오빠야는 왜 서울에 살면서 사투리가 하나도 안 고치노? 안 불편하나?"라고 물어봤다고 한다. 그러자 외삼촌께서는 호탕하게 웃으시며 "야야~ 경주 사람이 경주 말 쓰는데 무슨 문제 있나? 못 알아듣는 것 지들 탓이지. 내 탓이 아이다."고 시원하게 대답하셨다고 한다.

엄마의 이야기를 들으니 아차 싶었다. 그동안 왜 그렇게 사투리를 고치려고 애를 썼을까. 사투리가 죄는 아닌데. 표준어는 좋은 것이고, 사투리는 나쁜 것일까? 그건 아닌데. 그저 사람들이 일가족을 이루고 살아가는 곳마다 쓰는 말이 조금씩 다른 것일 뿐인데. 누군가 불편한 시선을 보낸다고 해서, 나에게 비난을 가한다고 해서 내가 스트레스를 받으면서까지 억지로 고칠 필요는 없는데. 난 경주 사람이니까. 어렸을 때부터 배우고 익힌 경주의 말을 서울이라는 다른 장소에서 쓰는 것일 뿐이니까.

잠을 이루지 못할 정도로 여러 가지 생각이 머리를 맴돌았다. 결국 난 새벽 3시가 되어 결론을 내렸다. 그 누구의 눈치도 보지 않고 나의 말을 쓰는 것으로. 내가 태어나고, 내가 사랑한 아름다운 경주의 말을 계속하여 쓰는 것으로. 결론을 짓고 나니 마음이 편해졌다. 더는 억지로 사투리를 고치려 들지 않았다.

 누군가 나의 말에 태클을 걸어올 때면 정확하게 설명했다. 내가 어떤 의미로 말을 하는 것인지. 그럼에도 불구하고 오해를 하거나 수군거리는 사람들과는 더는 말을 섞지 않았다. 사람이란 참 간사한 것이 내가 단호하게 대처하니 사투리로 트집을 잡는 이들도 점차 사라졌다. 진작 이렇게 할 것을. 그럼 눈치 보거나 상처받을 일도 없었을 텐데.

 오늘도 나는 어김없이 당당하게 경주의 말을 쓴다. 이제는 누구도 개의치 않을 것이다. 혹여 시비를 걸거나 훈계를 두는 이가 있다면 외삼촌의 명언을 살짝 빌려야지.

"저기요. 경주 사람이 경주 말을 쓰는데
무슨 문제라도 있나요?"

내겐 너무 아찔한 삼겹살 1인분 가격

아빠와 엄마가 서울로 올라오는 날이면,
어김없이 한바탕 삼겹살 파티가 벌어졌다.

경주에서 서울까지 먼 길을 달려온 부모님은 자리에 앉을 새도 없었다. 급히 외투만 벗어두고, 좁아터진 부엌에서 연신 삼겹살을 구우셨다. 행거에 걸려 있는 옷들에 냄새가 모두 스며들었지만, 아랑곳하지 않았다. 삼겹살 앞에 그깟 옷 따위가 대수겠는가.

부모님이 한 줄 한 줄 정성스럽게 구워준 삼겹살의 맛은 가히 환상적이었다. 이성의 끈을 놓아버린 동생과 난 허겁지겁 입속으로 고기를 밀어 넣었다. 2명이서 5인분을 거뜬히 해치우고 나면 슬슬 배가 불러오며, 먹는 속도가 더뎌지기 시작한다. 그럼 엄마는 냉큼 냉장고로 달려가, 비장의 무기를 꺼내든다. 바로 외할머니표 묵은지다.

혹시 삼겹살을 묵은지와 함께 먹어본 적이 있는가? 시큼한 냄새를 풍기는 그것을 손으로 쭉 찢어 삼겹살에 얹어 돌돌 말아 먹으면 탄성이 저절로 터져 나온다. 당장 죽어도 여한이 없을 정도로 행복하다. 젓가락질을 하도 많이 해서 손가락이 저려 올 때까지, 한바탕 먹고 나면 피로가 사르르 녹아내렸다.

 언젠가 회사에서 유난히 친하게 지내던 동료가 내게 물었다. 왜 그렇게 부모님만 올라오시면 삼겹살을 구워 먹는 것이냐고. 다른 음식도 많은데, 유독 삼겹살만 고집하는 이유가 있냐고. 궁금해서 미쳐버리겠다는 듯 내 대답을 갈구하는 그녀에게 속 시원하게 이유를 털어놓고 싶었다. 하지만, 내가 아무리 이유를 말해도 그녀가 진정으로 이해할 수 없을 것만 같았다. 그래서 대충 얼버무리고, 황급히 화제를 돌렸었다. 그때, 그녀에게 미처 말하지 못했던 이유를 오늘만큼은 솔직하게 털어놓겠다.

 누군가 한 턱 낼테니 무엇이 먹고 싶냐 물으면
 난 즉각 이렇게 대답한다.

"다 필요 없고, 삼겹살만 사주시면 됩니다!"

 매일 먹어도 질리지 않을 정도로 삼겹살을 좋아한다. 언제 먹어도 맛있다. 심지어 여유가 되는 날에는 아침에도 삼겹살을 구워 먹는다. 프라이팬 위에서 지글지글 소리를 내며 노릇노릇하게 익어가는 그들을 보고 있노라면 황홀경에 빠지고 만다. 이런 나를 보고 친구가 어떻게 아침부터 삼겹살을 구워먹을 수 있냐고 물었다. 도무지 나를 이해할 수 없다는 표정의 친구를 보며 단호하게 대답했다.

"야! 바보야! 너 삼겹살 먹을 줄 모르구나.
원래 아침에 먹는 삼겹살이 제일 맛있는 거 모르냐?"

다른 반찬은 필요 없다. 작은 프라이팬에 삼겹살 딱 두 줄 정도만 노릇하게 구워 쌈장에 푹 찍어 먹으면 완벽하다.

이른 아침부터 머리를 감고, 화장을 하며 소진되어버린 에너지를 즉시 끌어올려주는 천상의 맛이 따로 없다. 많은 직장인들이 출근길 누적된 피로를 해소하기 위해 퀭한 얼굴로 아이스 아메리카노를 마실 때, 나는 삼겹살을 먹는다. 커피와 달리, 즉각 피로를 해소해주는 데다가 허기까지 달래주는 삼겹살을 말이다.

난 목감기가 걸렸을 때도, 약국에 가는 대신 마트에 들러 삼겹살을 산다. 목감기 퇴치에는 삼겹살만한 것이 없다는 사실, 알고 있는가? 선홍 빛깔이 시선을 빼앗는 삼겹살을 잔뜩 구워서 양 볼이 미어터지도록 양껏 먹는다. 순식간에 먹어치우고 나면 싱크대를 장악한 각종 그릇들이 눈에 띈다.

하지만 목감기 탈출을 위해선 설거지는 내일의 나에게로 미루고 곧장 따뜻한 이불 속으로 몸을 날려야 한다. 한숨 푹 자고, 기지개를 키며 일어나면 목이 따끔거리는 증상이 감쪽같이 사라진다. 이를 두고 난 '목에 기름칠 한다'라고 표현하며, 주변에서 목감기 증상으로 고통 받는 이들을 보면 약 대신 이 방법을 권한다. 효과는 100% 보장한다는 말을 꼭 덧붙이면서.

아침에도 삼겹살을 구워먹고, 목감기에 걸리면 약 대신 먹을 정도로 삼겹살을 숭배하는 나. 이런 내가 서울에 있는 고깃집에서 삼겹살을 사 먹은 적이 거의 없다면 믿겠는가?
(아, 회식은 제외다. 그건 회사가 사주는 것이니 예외로 두자.)

그동안 서울의 고깃집에서 삼겹살을 먹지 않았던 이유는 딱 하나다. 바로 '가격'이다. 삼겹살 1인분이 약 1만 6천원으로 경주에 거의 2배에 달했다. 실로 엄청난 금액이었다. 경주에서는 1인분 평균 8~9천원이면 충분한데 말이다. 또 중량에서도 차이가 났다. 경주에서는 1인분을 주문하면 대부분 200g이 상에 올라왔다. 그러나 서울은 어떠한가? 대부분 180g인데다가 간혹 150g을 주는 곳도 있었다.

 사실 경주에도 프리미엄 고깃집을 표방하며 삼겹살 1인분의 가격이 1만원을 넘어가는 곳들이 있었다. 하지만 그런 식당 대부분은 다음번에 가면 문이 닫혀있는 경우가 많다. 워낙 인근 가게들의 가격이 저렴하게 형성되어 있어, 조금이라도 비싸다는 느낌이 들면 손님이 뚝 끊긴다. 육질이 좋아도, 시설이 최신식이라도, 서비스 정신이 투철해도 오래 버티지 못한다. 잠깐은 호기심에 손님들이 너나할 것 없이 몰려들지만, 비싼 가격을 경험하고 나면 그길로 두 번 다시는 발걸음 하지 않는 경우가 태반이다.

 원래 서울에 살았더라면, 1인분에 1만 6천원이라는 가격에 익숙해져 있었더라면, 그냥 별 생각 없이 먹었을지도 모르겠다. 하지만 저렴한 가격임에도, 맛과 육질이 뛰어난 삼겹살을 20년 이상 경주에서 맛 본 이상 도저히 쉽게 지갑이 열리지 않았다. 그 정도 비용이면 차라리 다른 음식을 먹는 것이 훨씬 경제적이니까.

 서울 고깃집의 충격적인 삼겹살 1인분 가격을 처음 목격한 날, 엄마에게 전화를 걸었다. 고작 삼겹살 3인분을 먹었는데, 4만 8천원이 나왔다는 청천벽력 같은 소식을 전했다. 엄마는 쉬이 믿지 못했다. 네가 메뉴판을 잘못 본 것이 아니냐고 몇 번이나 되물었다. 무슨 삼겹살이 그렇게나 비싸냐고. 앞으로 '금겹살'이라고 불러야겠다며. 어디 삼겹살 무서워서 먹겠냐고. 그 가격이면 경주에서는 소고기도 실컷 먹을 수 있다고.

 그날 이후, 부모님은 서울로 올라오는 날이면 엄청나게 큰 보냉백을 들고 온다. 그 속에는 질 좋고 저렴한 삼겹살들이 얼음팩과 어우러져 켜켜이 쌓여있다. 설레는 표정으로 가방을 열어 당장 구워먹을 고기는 밖으로 빼둔다. 나머지는 먹기 좋게 허브 솔트와 후추로 밑간을 하여 냉동실에 얼려둔다. 언제나 꺼내서 구워먹을 수 있도록.

 집 냉동실에 삼겹살이 한가득 채워져 있는 시즌에는 항상 출근과 동시에 퇴근하고 싶다는 생각이 든다. 미친 듯이 업무를 해치우고 칼퇴를 하여 부리나케 집으로 돌아가 손도 씻기 전에 냉동실 문을 연다. 차곡차곡 쌓인 삼겹살 탑이 와르르 무너지지 않도록 조심조심 한 팩을 꺼내든다.

꽝꽝 얼어 마치 벽돌 같은 삼겹살을 잠시 해동시킨 뒤, 프라이팬에 올려 노릇노릇하게 굽는다. 그런 다음, 얼음 컵에 시원한 맥주를 부어 함께 먹으면 이 세상 그 누구도 부럽지 않다.

경주의 삼겹살만 있다면,
삼성의 이재용도, 신세계의 정용진도,
전혀 부럽지 않다. 진짜로.

서울에서 미'어른'으로 살아간다는 것은

궁금하다.
왜 '미아(길이나 집을 잃고 헤매는 아이)'라는 단어는 존재하는데, '미어른'이라는 말은 없는 것일까?

꼭 어린아이들만 길을 잃는 것은 아닌데 말이다. 스무살 중반을 넘긴 어른임에도 자주 길을 잃는 나 같은 사람을 위해 '미어른'이라는 단어도 새롭게 생겨났으면 좋겠다.

"너 일부러 길치인 척하는 거지?"

친한 친구가 날카롭게 눈을 흘기며 물었다. 도저히 이해가 안 된단다. 툭하면 길을 잃어버리는 내가. 일순간 가해진 일격에 표정이 일그러졌다. 기분이 나빴다. 하지만 부정할 수 없었다.

그렇다. 난 소문난 길치이니까. 지도를 아무리 들여다봐도 길을 못 찾는다. 분명 동서남북은 알고 있는데, 그렇게 바보는 아닌데, 왜 지도만 보면 머릿속이 새하얗게 변하는 것일까. 나도 그 이유가 진심으로 궁금하다.

그래도 경주에서 살 때는 괜찮았다. 도시 자체가 크지 않고, 복잡한 길도 없는 데다가, 20년을 넘게 살았던 터라 길을 모조리 다 외우고 있었으니까.

하지만 서울은 달랐다.
길치가 살아가기에 너무 힘겨운 곳이었다.

수시로 길을 잃어버렸다. 다니던 길에서 조금만 벗어나면 식은땀이 났다. 친구들과의 약속도 자주 가보아 익숙한 곳에서만 잡았다. 덕분에 누굴 만나든 약속 장소는 항상 비슷했다. 강남역 11번 출구, 역삼역 8번 출구, 신림역 5번 출구, 신대방역 2번 출구 앞이 내 단골 약속 장소였다. 나와 약속을 잡은 지인들은 딱히 말하지 않아도 "오늘도 역시 거기죠?"라며 기꺼이 나를 만나러 와주었다. 참 다정하고 고마운 사람들 같으니라고.

그러나 이런 내게도 도저히 어쩔 수 없는 상황이 있었다. 바로 면접을 보러 갈 때였다. 초행길인데다가, 대부분 역세권이 아닌 곳이 많았다. 지하철역에서 내려 다시 버스를 타고 들어가야 하는 곳도 있었다. 한 번은 꽤나 큰 규모의 회사에 면접을 보러 갔던 적이 있었다. 면접 안내 문자를 받아 확인을 해보니 삼성역에서 내려 다시 버스로 갈아타야만 했다. 여기서 끝이 아니었다. 버스 정류장에 도착하면 7분 정도 걸어 들어가야 했다.

 나름 그쪽 업계에서 명성이 대단한 곳이었는데, 왜 사옥을 그런 곳에다 지었을까. 가뜩이나 면접을 앞두고 긴장되는데, 길까지 찾으며 가야 한다고 생각하니 손에 땀이 나기 시작했다. 분명 그렇게 갔다가는 면접을 망쳐버릴 듯해서 택시를 타야겠다고 결심했다. 택시비가 어느 정도 나올까 궁금해 카카오택시 앱을 켰다. 확인을 해보니 택시비가 무려 1만 6천 원 가까이 나오는 것이 아닌가. 이건 아니라는 생각에 얼른 앱을 끄고 내가 가야 할 루트를 분석하기 시작했다. 면접 준비를 해도 부족할 시간에 거기까지 가는 길을 분석하느라 시간을 허비하고 있는 내 모습이 우스웠다.

 드디어 면접날 아침이 밝았다. 세탁소 비닐도 미처 벗기지 않은 정장을 꺼내 입었다. 고데기로 머리를 단정하게 손질하고, 구두를 신고 집을 나섰다. 시간이 촉박한 탓에 빠르게 걸어 지하철을 탔다. 삼성역까지는 환승 없이 단번에 갈 수 있으니 괜찮았다.

 문제는 내리고 나서부터였다. 버스 정류장을 찾아야 하는데, 아무리 살펴봐도 없었다. 지도에는 분명 내가 서 있는 위치에 있다고 뜨는데, 왜 내 눈에는 보이지 않는 것인지. 시간도 부족한데, 한참을 정류장을 찾다가 어쩔 수 없이 편의점에 들어가서 물어봤다. 친절한 사장님은 손가락으로 아까 내가 서 있었던 곳에서 다섯 발자국 정도 떨어진 지점을 가리켰다. 반신반의하며, 그곳으로 가보니 진짜 정류장이 있었다. 상황을 보아하니 사람들이 많이 이용하는 정류장이 아니라, 표지판도 작게 덜렁 하나 세워져 있었던 데다가, 그마저도 큰 화물차에 가려져 있어 내가 미처 보지 못했던 모양이다.

 어이없어 할 시간도 없이 버스에 올라탔다. 한 5분쯤 갔을까. 내려야 되는 정류장이 보여 급히 하차하며, 구글 맵을 켰다. 지금부터 정신 바짝 차리고 찾아가지 않으면 면접에 지각하고 말 것이라는 생각에 손에 땀이 나기 시작했다. 지도를 따라 한참을 걸어 회사가 있다고 표시된 지점에 멈췄다.

 그런데, 아무리 둘러봐도 사옥이 보이질 않았다. 길을 잘못

들었다는 생각에 다시 큰 길로 나와 옆 골목으로 급히 뛰어갔지만 여전히 찾을 수가 없었다. 면접 시간은 단 5분밖에 남지 않았는데, 당황한 나머지 이마에서도 땀이 흘러내려 화장이 무너지기 시작했다. 설상가상으로 인사팀 담당자의 재촉 전화까지 걸려 왔다.

 면접 시간이 임박했는데, 도대체 어디냐는 그의 물음에 사실대로 답했다. 거의 다 온 것 같은데, 도대체 사옥이 어디에 있는지 도통 찾을 수가 없다고. 그러자 다급한 목소리로 그는 현재 보이는 건물을 말하라고 했다. 당황한 나는 눈앞에 떡하니 보이는 카페 이름을 알려주었다. 한 5분쯤 지났을까? 멀리서 흰색 사원증을 착용한 정장 차림의 남자가 뛰어오는 것이 보였다.

 숨을 헐떡이며 달려온 그는 짧은 인사를 건네며, 시간이 없으니 함께 뛰자고 했다. 대표님까지 와서 기다리고 있는 상황이라 여기서 더 늦으면 불이익이 갈 수도 있다고 덧붙이면서. 그와 함께 있는 힘껏 뛰어 건물에 도착한 난 잠시 숨 고를 틈도 없이 곧바로 면접장에 들어가서 면접을 봤다.

다행히 면접은 성공적으로 잘 끝났다. 대표는 면접이 끝날 무렵, 오늘 늦게 된 사연이 궁금하다고 물었다. 이럴 때는 솔직한 게 털어놓는 것이 가장 좋겠다는 판단이 들었다. 어렸을 때부터 심한 길치였음을 밝히며, 서울에 올라온 지 얼마 안 되어 더더욱 길 찾는 것이 힘겨웠다는 사연도 덧붙였다.

 나이 지긋한 대표는 "젊은 친구가 시골에서 올라와 서울에서 살아가려면 쉽지 않을 텐데, 그래도 주눅 들지 않고 솔직 당당한 모습이 멋지네요."라며 격려의 말을 건넸다. 하마터면 울컥할 뻔했다. '다 큰 성인이 길이나 잃고 잘 하는 짓이네요.' 또는 '아무리 그래도 면접에 늦으면 어떡합니까? 기본 예의도 없네요.'라고 말할 줄 알았는데. 이토록 따뜻한 칭찬이 돌아올 줄이야. 면접장을 나서며 난 그 대표님께 90도로 고개 숙여 인사를 드렸다. 앞으로 살면서 저런 마인드의 대표를 만날 수 있을까라고 생각하면서.

 대표와의 면접이 끝나고 나서는 길, 아까 나와 함께 뛴 담당자가 인사를 건네왔다. 아까는 너무 급해서 경황이 없었다면서 시원한 물을 건넸다. 내가 물을 마시는 동안, 그는 내 이마에 흥건한 땀을 보고 깜짝 놀랐다. 혹시 아까 자기랑 뛴 것 때문에 이렇게 땀이 나는 것이냐며, 그것 때문이라면 정말 미안하다고 사과했다.

 난 손사래를 치며 아니라고 했다. 도리어 사과를 드려야 할 건 저라고. 바보처럼 길 하나 제대로 못 찾아서 데리러 오시게 했다고. 사실은 진짜 심한 길치라서, 여기까지 오는 길을 얼마나 많이 찾아보고 미리 시뮬레이션 해봤는지 모른다고. 내 말을 한참이나 잠자코 듣고 있던 그는 자신의 이야기를 해주기 시작했다.

 그는 전라도 강진에서 서울로 올라온 지 7년쯤 되었다고 한다. 고향에서는 어디든 자유롭게 척척 다녔는데, 서울에서는 마음껏 돌아다닐 수 없었다고 했다. 골목도 많고, 지하철 노선도 복잡하고, 버스 정류장도 많아 헷갈렸다고 한다. 나만큼 심각한 수준의 길치는 아니지만, 길을 잃은 적이 상당히 많았다며 오늘의 내 상황을 충분히 이해한다고 말해주었다.

 그가 나를 데리러 왔을 때, 내가 높은 구두를 신고 마치 길을 잃은 아이처럼 눈빛이 심하게 흔들리고 있는 것을 보고서는 꼭 과거의 자신을 보는 것 같았다고 한다. 그래서 면접이 끝나고 나오면 잠시 이야기를 꼭 나누고 싶었다고 생각했단다. 그는 혹시 또 내가 길을 잃을까 봐, 사옥 밖으로 나와 버스정류장까지 나를 안내해 주었다. 감사 인사를 하고 돌아서는 순간, 그는 내게 "지원자님, 꼭 합격하셨으면 좋겠습니다."라고 소리 질렀다.

 지옥과 천국을 오갔던 하루를 마무리하며, 미'어른'은 무사히 집으로 돌아왔다. 발가락을 무참히 짓눌렀던 구두를 벗어던지고 간신히 옷을 갈아입고 바닥에 누웠다. 처음으로 미'어른'임이 잘못된 일이 아니라고 따뜻한 위로를 받았던 날이었기에 몸은 지쳤지만 기분은 좋았다.

 하지만 앞으로 다시는 면접을 보러 갈 때, 역세권 지역이 아니라면 무조건 택시를 타야겠다고 결심했다. 오늘은 운이 좋아서 미'어른'을 너그러이 이해해 주는 사람들을 만났지만, 앞으로도 그러리라는 보장은 없으니까. 아니 아예 없을지도 모른다. 대부분의 사람들은 아이도 아닌 성인이 길을 잃는 것에 대해 고운 시선으로 보지 않으니까.

미'어른'을 입장을 깊이 헤아려 주지 않으니까.

아메리카노 한 잔에
7천 원이라뇨?

한낮 기온이 35도에 달하던 무더운 여름날이었다.

그날따라 갑자기 외근 스케줄이 생겼다. 날씨도 더운데, 무거운 노트북까지 챙겨 나갈 생각을 하니 끔찍했다. 표정 관리가 안 될 정도로 싫었지만, 어쩌겠는가. 일개 사원이 어찌 상사의 말을 거역할 수 있겠는가. 책상 서랍에 비상용으로 챙겨둔 선크림을 꺼내어 팔, 다리는 물론 얼굴과 목에도 꼼꼼하게 덧발라 주었다. 혹시나 땀을 흘리게 되어 냄새가 날까 봐 향수까지 가방 속에 쑤셔 넣고 목적지인 2호선 교대역으로 발걸음을 옮겼다.

업체와의 미팅은 당초 예상했던 것보다 훨씬 더 빨리 끝났다. 일찍 퇴근할 수 있다는 생각에 빠르게 걸어 건물 밖으로 나왔다. 그런데, 갑자기 머리가 핑 돌았다. 머리 위로 내리쬐는 강렬한 햇볕 때문이었다. 이대로 역까지 걸어가면 진짜 쓰러지겠다는 두려움이 엄습했다. 게다가 무거운 구식 노트북에 핸드백에 각종 서류더미까지, 짐까지 많았으니 더더욱 지금 바로 이동하는 것은 무리라는 확신이 들었다.

결국 인근 카페에 가서 쉬어가기로 했다. 평소 같았더라면, 어느 카페가 괜찮을지 검색이라도 해봤을 것이다. 하지만, 미팅과 더위에 지쳐 가방에서 핸드폰을 꺼낼 힘도 없었다. 일단 주위를 둘러보니 스타벅스, 투썸플레이스와 같은 프랜차이즈형 카페는 보이지 않았다. '마땅한 곳이 없는 건가'하고 실망하려는 찰나, 바로 옆 건물에 작은 카페가 눈에 띄었다. 옳다구나 싶어서 곧바로 뛰어 들어가 자리를 잡았다.

 하루 종일 나를 괴롭히던 짐들을 내려놓고, 카운터로 가서 메뉴판을 보는데 정말 깜짝 놀랐다. 아메리카노라는 글자 옆에 5도 아닌, 6도 아닌, 무려 7이 쓰여 있는 것이다. '아니, 무슨 아메리카노 한 잔이 7천 원이나 해?'라는 말이 하마터면 입 밖으로 튀어나올 뻔했다. 더 충격적이었던 것은 그나마 아메리카노가 가격이 제일 저렴했다는 사실이었다.

 난 커피를 마시면 위경련이 찾아오는 터라, 보통 카페에 가면 에이드나 스무디와 같은 음료들을 마신다. 혹시나 하는 마음에 다른 음료 종류는 얼마인지 살짝 엿보았더니 역시나 가격이 상당했다. 레몬에이드는 8천9백 원, 요거트 스무디는 9천6백 원에 달했다. 세상에나 그 가격이면 바로 옆에 국밥집에 가면 국밥은 물론이고 속이 뻥 뚫리는 사이다까지 충분히 마시고도 남을 가격이 아닌가. 결국 눈물을 머금고 잘 마시지도 못하는 아이스 아메리카노를 주문했다.

5분쯤이 지났을까.

내가 주문한 값비싼 아메리카노가 나왔다. 한 모금 마셔보니 충격적이게도 가격의 절반에도 못 미치는 맛이었다. 향도 별로였고, 싱거웠다. 한마디로 형편없었다. 4천1백 원짜리 스타벅스 아메리카노가 훨씬 나았다. 약간의 탄 맛이 나긴 하지만, 최소한 밍밍하지는 않으니까.

물론, 지나치게 높은 가격을 이해하지 못하는 것은 아니다. 워낙 번화가에 위치해 있는 개인 카페였기에 임대료가 상당했을 것이고, 이를 커피값에 녹여낸 것이 아니겠는가. 상황은 충분히 공감이 되지만, 그래도 맛은 용서가 안 됐다.

게다가 매장도 엄청 협소하고, 테이블과 의자도 너무 불편했다. 테이블은 너무 좁아 커피 한잔 올려놓으니, 다른 것을 둘 여유 공간이 없었다. 의자는 또 어떠한가. 등받이가 없어서 기대어 편하게 앉을 수도 없었다. 또, 분위기도 어수선했다. 음악 볼륨이 과하게 높여져 있어, 에어팟을 착용해도 귀가 따가울 정도였다. 설상가상으로 카페에 나 혼자밖에 없어 에어컨도 제대로 켜주지 않았다. 결국 난 이마에 땀을 흘리며, 아메리카노를 거의 흡입하다시피 하고 그곳을 나와 집으로 돌아갔다. 단 20분 만에. 아주 불쾌하고 찝찝한 기분으로.

집으로 돌아와 오랜만에 친구와 통화를 했다. 이런저런 이야기를 나누다가, 문제의 카페 이야기를 해주었다. 그러자 그녀는 "강남 쪽에 유난히 그런 카페가 많다."라며 자신은 번화한 곳에 가서 커피를 마시고 싶을 때면 무조건 스타벅스에 간다고 말했다.

반년 전, 볼일이 있어 강남역에 나왔다가 감성적인 외관에 이끌려 어느 카페에 들어갔다고 한다. 프랜차이즈가 아닌, 개인이 운영하는 소규모 카페였기에 기대가 컸다고 한다. 번화한 곳에 있으니 어느 정도 가격대가 있으리라고는 생각했는데, 세상에나 아메리카노 한 잔이 9천 원이었다고 했다. 당시, 그녀는 회사를 그만두고 퇴직금으로 근근이 버티고 있는 상황이라 고작 커피 한 잔에 밥값과 맞먹는 비용을 지불할 용기가 없었다고 한다. 당황한 그녀는 자신의 주문만을 기다리고 있는 카페 주인에게 "죄송하지만, 다음에 다시 올게요."라고 말하며 돌아섰다고 한다.

얼굴이 한껏 붉어진 채로 카페를 나선 그녀는 강남역 골목으로 들어가 아까보다 더 허름한 카페로 들어갔다고 한다. 하지만 그곳도 사정은 마찬가지였다. 직전의 그곳보다는 아주 조금 저렴했지만, 그래도 아메리카노가 무려 8천 원이었다고 했다. 게다가 내부가 협소하여 오래 앉아 있기에도 눈치가 보이는 구조라 곧바로 뒤돌아 나와서 결국 대로변에 있는 스타벅스에 갔다는 웃기고도 슬픈 일화를 들려주었다. 한참 동안이나 자신의 이야기를 털어놓던 그녀는 통화가 끝나갈 무렵 내게 힘주어 말했다.

"유정아, 이건 공식이야. 강남 바닥에서 커피가 마시고 싶다면, 무조건 스타벅스에 가."

난 되물었다. "아니 왜 하필 스타벅스야? 프랜차이즈 카페는 다른 곳도 많잖아."

친구는 속삭이듯 말했다. "스타벅스가 의외로 다른 프랜차이즈형 카페보다 아메리카노 가격도 싸고, 노트북 하면서 오래 앉아 있어도 아무도 눈치 안주거든. 또, 충전기 꽂을 콘센트도 곳곳에 잘 마련되어 있는 데다가 파트너들이 친절하고, 매장도 청결하게 관리해서 흠잡을 데가 없어. 물론, 그들은 힘들겠지만. 아! 또 하나 있다. 강남 바닥에는 스타벅스가 제일 많아. 3~4분 거리에 하나씩은 있잖아. 커피빈이나 투썸플레이스는 그 정도로 많지는 않거든. 시선 닿는 곳곳 스타벅스가 있다니까. 너도 가서 한 번 둘러봐봐. 내 말 무슨 뜻인지 알 걸?"

 며칠 뒤, 약속이 있어 모처럼 강남역에 나갔다. 저녁을 먹고 만난 터라, 간단하게 커피 한 잔을 하기로 했다. 강남역에 예쁜 카페를 봐두었다는 상대방의 말에 난 조용히 그녀를 이끌고 친구의 조언대로 스타벅스로 갔다. 여기까지 와서 왜 스타벅스를 가냐고 묻는 그녀의 말에 조용히 이렇게 답했다.

아메리카노 한 잔에 7천 원을 투자하고 싶지는 않거든요.

 차라리, 스타벅스에서 아메리카노에 디저트까지 배 터지게 먹읍시다. 그게 훨씬 더 합리적인 소비일 겁니다.

제가 100% 장담합니다.

Part 3.

엄마, 나 서울이 좀 재미있어.

친구 따라 '역삼' 간다

이토록 만족스러운 동네가 있었다니!

역삼동에 산다고 다 부자는 아닌데요?

집에서 가까운 회사를 선택한 것은 신의 한수

엄마, 아빠의 평생 전속 가이드가 되어드리리다

친구 따라
'역삼' 간다

"유정아, 우리 당장 만나자"

 늦은 점심을 먹고, 의자에 기대어 한가로이 책을 읽고 있었다. 갑자기 핸드폰이 요란하게 울렸다. 급히 확인해 보니, 친구였다. 이직 준비 때문에 바쁘다는 소식을 듣고, 한동안 연락을 자제하고 있던 차였다. 괜히 방해가 되고 싶지 않았으니까. 몇 달 동안 보지 못했던 그녀에게서 연락이 오니 얼마나 반가운지. 한껏 들뜬 목소리로 전화를 받았다. 경쾌한 목소리로 인사를 건넨 그녀는 본인이 우리 동네 근처로 올 테니 지금 당장 만나자고 했다.

 다른 이가 이토록 급하게 약속을 잡았더라면 아마 단칼에 거절했을 것이다. 하지만 이 친구는 예외다. 당장 10분 뒤에 보자고 해도 뛰어나갈 수 있을 정도로 내겐 중요한 친구이니까. 최대한 빨리 준비하여 약속 장소로 나가겠다고 답한 뒤, 곧장 샤워를 하고 외출 준비를 시작했다.

 대충 화장을 하고, 입고 나갈 옷을 고르기 위해 옷장 앞에서 걸음을 멈췄다. 평소 어두운 계열의 옷을 즐겨 입는데, 오늘만큼은 최대한 밝고 화사한 옷을 걸치고 싶었다. 칙칙한 옷들의 향연이 펼쳐지고 있는 행거를 한참이나 뒤적여 결국 하얀 원피스를 찾아냈다.

위낙 오랫동안 입지 않았던 탓일까. 어깨 부분에 먼지가 쌓여 있어, 창문을 열고 있는 힘껏 털었다. 향수까지 듬뿍 뿌려주고, 팔찌부터 귀걸이, 목걸이까지 반짝거리는 것들은 모두 하고 약속 장소인 집 근처 스타벅스로 뛰어갔다.

"어서오세요. 스타벅스입니다."

문을 열고 들어가자, 초록 앞치마를 두른 파트너의 반가운 인사가 귓가를 울렸다. 나도 가볍게 눈인사를 건네고, 최애 메뉴인 아이스 자몽허니블랙티를 주문했다. 결제까지 끝낸 후, 주위를 둘러보니 저 멀리 창가 자리에 친구가 앉아 있는 것이 보였다. 그녀를 깜짝 놀라게 주려고 한 걸음, 한 걸음씩 친구에게 다가가다가 도리어 내가 놀라고 말았다.

분명 몇 달 전에 봤을 때만 해도 안색이 좋지 않았던 친구였다. 극심한 이직 스트레스로 인해서. 그런데, 원하던 곳으로 성공적인 이직을 마쳐서인지 얼굴에 화색이 도는 것이 아닌가. 여태껏 내가 본 친구 얼굴 중에 가장 밝았다. 패딩을 입어도 추울 정도로 쌀쌀한 겨울 날씨였지만, 친구의 얼굴은 봄 그 자체였다. 마주 보고 있는 나까지 덩달아 얼굴에 봄의 기운이 물씬 피어오를 정도로.

 주문한 음료가 나오고 우린 주거니, 받거니 서로의 안부를 물으며 이야기를 이어갔다. 한참 수다를 떨고 핸드폰을 확인하니 어느덧 3시간이 흘러 있었다. 다음을 기약하고 헤어지려는 찰나, 친구가 나를 붙잡고 솔깃한 제안을 건네왔다.

"유정아, 역삼으로 이사 와. 나 이번에 역삼에 방을 구했는데 세상 그렇게 좋을 수가 없어. 생각했던 것보다 가격도 싸고 교통도 예술이야. 강남역까지 걸어서 15분 밖에 안 걸린다니까?"

 워낙 차분한 성격의 소유자라 평소 호들갑을 떠는 친구가 아닌데, 이렇게 말할 정도면 얼마나 역삼이 좋은 곳이길래 저럴까라는 생각이 뇌리를 스쳤다. 내가 살짝 고민을 하는 제스처를 취하자 친구는 '어쩌면 지금 네가 사는 동네보다 더 월세가 저렴할 수도 있어!'라며 쐐기를 박았다.

아, 정말 뿌리칠 수 없는 매력적인 제안이었다.

때마침 살고 있던 원룸의 계약 만료 기간이 다 되어 가기도 했다. 하지만 가장 마음을 사로잡았던 것은 가장 친한 친구와 한동네에서 살 수 있다는 것이었다. 퇴근 후, 동네 편의점에서 만나 4캔에 만 원하는 세계 맥주와 짭짤한 맛이 일품인 과자를 사서 수다를 떠는 것. 생각만 해도 얼마나 짜릿한가.

하지만 복병이 있었다.
그것은 바로 함께 살고 있는 내 동생.

혼자 살 것이 아니기 때문에 독단적으로 이사 결정을 내릴 수는 없었다. 또한 월세를 전적으로 지원해 주고 계시는 부모님도 설득해야만 했다.

일단 친구와 헤어지고 집으로 돌아가는 길에 동생에게 전화를 걸었다. 통화 연결음이 몇 번 울리더니 "언니야, 왜?"라는 동생의 경쾌한 목소리가 들려왔다. 예상했던 것보다 훨씬 더

밝은 그녀의 목소리에 힘입어 왜 우리가 이사를 가야만 하는지에 대해 신나게 늘어놓기 시작했다.

 내가 중점적으로 강조한 것은 바로 동생의 통학거리였다. 동생의 대학교는 신분당선 광교역에 위치하고 있는데, 역삼으로 이사할 경우, 학교까지의 거리가 훨씬 가까워지게 된다. 집에서 강남역까지 걸어서 15분이면 충분하니 곧바로 신분당선을 타고 종점까지 가면 채 1시간이 걸리지 않는다. 귀찮게 환승을 할 필요도 없고, 인파로 북적이는 사당역에서 학교까지 가는 셔틀버스에 몸을 욱여넣지 않아도 된다.

 그러나 동생은 별다른 반응이 없었다. 그저 내 이야기를 잠자코 듣고만 있었다. 그녀는 나와는 다르다. 모든 결정에 신중을 기하는 유형이다. 누가 들어도 솔깃한 제안이었지만, 섣불리 오케이를 외치지 않았다. 숨이 막힐 듯한 정적이 잠시 흐르더니, 이윽고 동생이 입을 뗐다.

"언니야, 통학 거리 가까운 건 너무 좋아. 그런데 역삼 쪽은 물가도 여기보다 훨씬 더 비싸고, 월세도 만만치 않을 것 같은데? 솔직히 지금 사는 곳 월세도 엄마가 전적으로 지원해 주고 있잖아? 난 그것도 늘 죄송해 죽겠어. 이런 상황에서 더 비싼 동네로 가는 건 아닌 것 같아."

생각보다 부정적인 반응에 당황했다. 게다가 그 이유가 비용이라서 더더욱. 나보다 어리지만, 엄마의 경제적 부담까지 섬세하게 고려하는 동생을 보니 어쩐지 언니로서 부끄러워졌다. '너무 철딱서니 없이 이사 이야기를 꺼낸 것은 아닐까?' 홀로 생각하며 자책하기 시작했다. 내 속마음을 들키기가 싫어서 동생에게는 친구가 지금 현재 우리가 살고 있는 동네와 가격이 크게 다르지 않을 것이라 말했다고 대답했다. 하지만 이는 그저 친구의 말이었을 뿐, 내가 직접 발품을 팔며 알아본 것이 아니었기에 확실하지 않았다. 동생은 그 부분을 날카롭게 지적했다.

결국 동생에게 다시 제안을 했다. 주말에 나와 함께 역삼에 있는 부동산에 가보자고. 최대한 많이 발품을 팔아보며, 월세가 실제로 현재 살고 있는 곳과 비슷한지 확인해 보자고. 그런 뒤에 엄마에게 전화를 걸어보자고. 그제야 동생의 목소리는 비로소 밝아졌다.

마침내 주말 아침이 밝았다. 평소 아침을 잘 챙겨 먹지 않는 우리 자매였지만, 그날만큼은 든든하게 배를 채웠다. 여러 군데 발품을 팔아, 가장 좋은 집을 찾아내야만 하니까. 공인중개사와 약속한 시간이 다 되어가는 탓에 빠르게 식사를 마치고 서둘러 집을 나섰다. 2호선을 타고 달려 25분 만에 역삼역에 도착했다.

 무채색의 초고층 빌딩만 가득한 이곳에 주거 공간이 있겠나 싶었으나, 일단 걱정을 거두고 부동산으로 발걸음을 재촉했다. 한 10분쯤 골목길로 걸어가다 보니, 아담한 주택과 원룸이 삼삼오오 모여있는 것이 아닌가. 그 가운데, 규모에 비해 압도적으로 커다란 간판으로 많은 이들의 시선을 한눈에 빼앗는 곳이 있었다. 그곳이 바로 오늘의 목적지, 부동산이었다.

 형형색색의 시트지로 도배된 작은 문을 열고 들어가니, 중년의 공인중개사가 앉아 있었다. 그녀는 반갑게 인사를 건네며, 가쁜 숨을 몰아쉬는 우리에게 따뜻한 차를 내어주었다.

 그동안 항상 집을 구할 때는 부모님과 동행했었다. 두 분 없이 어린 동생만 데리고 부동산에 가는 것은 생에 처음 있는 일이었다. 최대한 티를 내지 않으려 노력했지만 낯선 환경에 당황한 나머지 떨리는 손과 목소리는 통제가 불가능했다. 곁눈질로 동생의 표정을 살피며, 괜히 중개사가 건넨 따뜻한 차를 연거푸 마셔댔다.

공인중개사는 동생과 나의 찻잔이 비워지는 것을 확인하더니, 이내 우리를 밖으로 이끌었다. 문을 열고 나온 순간, 예산을 다시 한번 물었다.

"아가씨들, 보증금 천만 원에 월세 65만 원 맞죠?"

그렇다고 대답하니 그녀는 이 예산이라면 충분히 좋은 방을 구할 수 있다며 웃어 보였다. 하지만 난 중개사의 말을 믿지 않았다. 이미 2년 전, 신림에서 처음 방을 구할 때 중개사에게 단단히 속은 이력이 있었으니까.

의심과 불신으로 가득 찬 나와 동생을 처음으로 이끈 곳은 골목길 끄트머리에 있는 어느 원룸이었다. 그곳은 '와! 여기를 도대체 혼자서 어떻게 청소하지?'라는 생각이 번쩍 들 정도로 광활했다. 2명이 함께 살 것이기에 공간이 넓은 것은 마음에 들었다. 하지만 2000년도 감성의 촌스러운 체리색 몰딩, 한참 동안 방치된 것 같은 빛바랜 냉장고, 15년 전쯤 전국적으로 유행했던 포인트 벽지가 문제였다. 중개사는 이런 방은 쉽게 나오는 곳이 아니라며, 계속 칭찬 퍼레이드를 이어갔다. 동생과 난 그녀의 한 발짝 뒤에 서서 고개를 절레절레 저었다.

 장장 10분 동안 이어진 기나긴 설명에도 우리가 반응이 없자, 그녀는 다른 방을 보여주겠다고 했다. 그러나 두 번째 집도 꽝, 두 번째 집도 꽝, 세 번째 집도 꽝, 네 번째 집도 꽝, 다섯 번째 집도 꽝이었다.

 엘리베이터도 없는 건물을 오르락내리락하다 보니 점점 다리가 저렸다. 하필 물도 따로 챙겨오지 않았는데, 갈증이 나기 시작했다. 동생도 사정은 별반 다르지 않았다. 걷는 속도가 느려지는 것이 보였으니까. 많이 힘들었는지 안색도 창백했다.

 빠른 걸음으로 앞서가던 중개사는 느릿느릿 뒤따라오던 우리에게 소리쳤다. "아가씨들~ 많이 힘들지? 오늘은 이 집까지만 보자고. 거의 다 왔으니까 빨리들 와요."

후들거리는 다리를 간신히 움직여 도착한 마지막 집은 유일하게 엘리베이터가 있었다. 상태가 매우 좋았다. 10년 전쯤 지어진 곳임에도, 관리가 놀라울 정도로 잘 되어 있었다. 어쩐지 모를 설렘을 한가득 안고, 방안으로 들어서자 동생과 나는 동시에 탄성을 질렀다.

 요리 보고 저리 봐도 우리 마음에 꼭 드는 방이었다. 벽지도 깔끔했고, 실내 공간도 넓었다. 잡동사니를 넣어둘 작은 창고도 있었다. 수납공간도 여태껏 본 곳 중에 가장 넉넉했다. 미니멀리스트를 지향하지만, 현실은 초 맥시멀리스트인 우리 자매. 늘 엄마 아빠의 잔소리를 유발하는 어마어마한 짐들이 다 들어가고도 남을 정도였다. 이렇게 훌륭한 집을 도저히 계약하지 않을 수가 없었다.

 무엇보다 가장 마음에 들었던 것은 큰 창문이었다. 앞면과 옆면으로 크게 나 있는 창문 덕분에 햇빛도 잘 들어왔다. 또, 환기가 잘 되는 탓에 습기가 찰 염려도 없었다. 사실 이전 집은 고생 끝에 구했지만 살아보니 창문이 크지 않아 환기가 원활하지 않았다. 덕분에 각종 피부 트러블에 시달려야 했고, 벽지는 물론이며 옷에도 곰팡이가 피어 특수 세탁을 맡기기도 했다. 덕분에 30만 원이 넘는 목돈을 지출해야 했다. 그 후, 동생과 나는 바득바득 이를 갈면서 다음 집은 반드시 환기가 잘 되는 곳으로 고른다며 다짐을 한 상태였다. 이런 상황에서 이렇게나 환기가 용이한 집을 만나니 어찌 반하지 않을 수 있겠는가.

아무리 봐도 만족스러운 곳. 심지어 오늘만 해도 5명이나 보고 갔다는 이 집을 절대 놓칠 수 없었다. 곧바로 엄마, 아빠에게 전화를 걸어 자조치종을 설명했다. 왜 이곳으로 이사를 와야 하는지, 강력하게 어필했다.

보증금 천만 원에 월세 65만 원. 비록 관리비는 별도였으나, 현재 살고 있는 곳과 가격이 비슷하고, 동생의 통학 거리도 현저히 짧아지며, 나의 출퇴근 역시 한결 수월해진다고 설명했다. 어떤 일이든 사유가 합리적이기만 하면 아낌없이 지원을 해주시는 부모님은 설명을 듣고 단번에 오케이 사인을 보내주었다.

매달 월세를 내어줄 부모님의 허락까지 떨어졌으니, 이제는 망설일 것이 없었다. 다른 누군가가 눈독을 들이기 전에 계약을 진행하고 선금 100만 원을 지불했다. 다소 빠른 전개에 동생은 조금 당황하는 눈치였다. '이 언니의 선택을 믿어라'는 눈빛을 보내며 속전속결로 계약을 마치고 이사 올 날짜를 확정 지었다. 마치 내일이라도 당장 이사 올 사람인 듯 버스 정류장은 어디로 가면 되는지, 지하철역으로 가는 가장 빠른 길은 어디인지, 근처에 대형마트는 몇 군데가 있는지 꼼꼼히 물었다. 중개사의 답을 하나도 놓치지 않으려, 재빨리 손가락을 놀려 메모장에 모두 기록한 뒤, 만족스러운 표정으로 부동산을 나섰다.

집으로 돌아가는 길, 기분이 묘했다.
변변한 영화관도 없는 시골에서 살던 내가,
강남 바닥에서 살게 되었다니.

TV에서만 보던 강남역을 집에서 걸어서 갈 수 있다니.
세상에나, 내 인생에도 이런 날이 있다니.

예전에 엄마가 겨우 초등학생이던 내게 이렇게 말한 적이 있었다. 오랫동안 잊고 지냈던 말인데, 갑자기 번뜩 떠올랐다.

"유정아, 사람 인생은 알다가도 모르는 법이야.
네가 지금은 시골에서 살지만, 나중에는 또 모르지.

대한민국에서 최고 잘 사는 곳,
서울 강남에 가서 살게 될지도 모르잖아."

비록 8평 남짓한 원룸에 불과하지만,
엄마의 추측은 현실이 되었다.

그렇다. 난 땅값 비싸기로 유명한 바로 그곳.
강남 바닥에서 새로운 일상을 맞이하게 된 것이다.

앞으로 얼마나 다른 하루하루가 펼쳐질까.
부푼 기대로 자꾸만 웃음이 새어 나오는 것을
간신히 참고 또 참았다.

이토록 만족스러운
동네가 있었다니!

'앞으로 이렇게 좋은 동네를 만날 수 있을까?'

 부모님과 동생을 설득하여 오게 된 역삼동은 살면 살수록 더 매력적인 곳이었다. 일단 강남역이 가까웠다. 걸어서 딱 15분이면 충분했다. 그것만으로도 너무 만족스러웠다. 예전에는 강남역까지 나오려면 버스를 타고 역까지 걸어가 족히 30분은 지하철을 타야만 했었으니까.

 하지만 이제는 그럴 필요가 없다. 대중교통의 힘을 빌리지 않고, 오직 두 다리만 이용해 서점, 영화관, 식당, 카페는 물론 각종 브랜드의 팝업스토어가 밀집된 강남역에 당도할 수 있게 된 것이다. 이 얼마나 환상적인 일인가. 내가 그토록 꿈꾸던 시티라이프의 정석 아니던가.

 게다가 9호선을 이용할 수 있는 언주역도 가까웠다. 오히려 2호선 역삼역 보다 9호선 언주역이 훨씬 더 인접해 있었다. 걸어서 단 8분도 걸리지 않으니까. 9호선을 타고 고속터미널에도 단숨에 이동할 수 있었고, 제주 여행을 위해 거쳐야 하는 김포공항으로도 신속하게 갈 수 있었다. 어디 이뿐이던가. 2호선 선릉역도 느릿느릿 걸어서 10분이면 되었다.

 즉, 역삼동은 2호선 역삼역, 선릉역에다가 9호선 언주역까지 모두 가까운 이른바 트리플 역세권인 것이다. 이렇게 환상적인 입지 조건을 갖춘 동네를 본 적이 있는가!

 하지만 우리 동네, 역삼동의 진가는 주말에 드러난다. 신림동에 살 때까지만 해도 출근을 하지 않는 주말에도 늦잠을 잘 수가 없었다. 시끌벅적한 사람들의 말소리가 문틈으로 계속 흘러들어왔기 때문이다. 차들도 얼마나 많은지, 수시로 귓가를 때리는 경적 소리에 신경이 날카로워지기도 했다.

 그러나 직장인이 모두 빠져나간 주말의 역삼동은 쥐 죽은 듯이 고요하다. 한산한 동네를 거닐다 보면 여기가 경주인지, 서울인지 분간이 되지 않을 정도다. 오히려 경주보다 더 한적하다고 느껴진 적도 많다.

 출근의 의무에서 벗어난 여유로운 주말에는 느지막이 일어나 고요한 동네 한 바퀴를 돈다. 그러다 허기가 밀려올 때면 동네 조그마한 빵집에 들른다. 사장님께 반갑게 인사를 건네고 갓 구워내 고소한 냄새가 코를 자극하는 빵을 몇 개 고른다. 재빨리 카드를 꺼내어 결제를 마치고 마트에서 흰 우유까지 사서 장바구니를 요리조리 흔들며 집으로 돌아온다. 고심 끝에 데려온 빵들을 고이고이 아껴두었던 예쁜 접시에 담아낸다. 그런 다음 넷플릭스를 시청하며, 천천히 꼭꼭 씹어 배를 채운다.

어느 정도 배가 불러오면, 아까 벗어두었던 옷을 다시 주워 입는다. 마스크까지 야무지게 끼고 강남역 교보문고로 간다. 교보문고 특유의 향을 맡으며, 가장 좋아하는 에세이 코너로 직진한다. 갈 때마다 신간들이 계속 쌓여 있다. 그중 마음에 드는 책 한 권을 골라 들고, 베스트셀러 섹션으로 이동한다. '요즘은 어떤 책들이 잘 팔리는 것일까'라고 생각하며 찬찬히 살펴본 다음 다시 걸어서 집으로 돌아온다. 그렇게 토요일 하루를 보내고 나면, 나의 몸과 마음을 잠식했던 스트레스가 감쪽같이 사라진다.

아, 우리 동네 역삼동에는 아주 큰 교회가 하나 있다. 전 김영삼 대통령이 다녔을 정도로. 이곳은 다른 교회들과 비교했을 때, 유난히 외관이 아름답다. 교인은 아니지만 그래도 외관이 멋진 것은 사실이니까. 특히 밤에 보면 탄성이 터져 나온다.

굳이 야경을 구경한답시고 힘들게 멀리 갈 필요가 없다. 마음이 답답할 때면, 기분 전환이 필요한 순간이 찾아오면, 일부러 그곳에 찾아간다. 바로 앞에 놓인 벤치에 걸터앉아 한참 동안 멍하니 야경을 바라본다. 그럼 조금은 마음이 가벼워진다. 신기하게도.

역삼동은 모든 것이 완벽한 동네다.
앞으로 또 이렇게 좋은 곳을 만날 수 있을까.

벌써 지금 살고 있는 집의 2번째 계약 기간이 만료되어 간다. 집주인이 월세를 올리지만 않는다면, 몇 년 동안은 여기서 더 살고 싶다. 최소 2~3년 동안은 더 머무르면서, 역삼동만의 또 다른 매력들을 하나씩 천천히 찾아 나가고 싶다. 아직도 내가 미처 몰랐던 매력 포인트들이 분명 존재할 테니까.

역삼동에 산다고
다 부자는 아닌데요?

"유정 씨, 어디 사세요?"
"저 역삼동에 살아요."
"오~ 부자이신가 봐요?"

지겨워 죽겠다. 이런 대화 패턴.

 누군가 내게 어디 사냐고 물어 '역삼동'에 산다고 대답하면 매번 이런 식이다. 99%가 내게 부자냐고 되묻는다. 땅값 비싼 동네로 악명이 높아서일까. 하나같이 부러운 시선을 보낸다.

 그럴 때면 매번 "아니에요. 저는 월세 살아요."라고 말해왔다. 하지만 2년이 다 되어가자, 이렇게 말하는 것도 지쳐버렸다. 내가 돈이 많았으면, 진작 집을 샀지. 월세를 살고 있겠는가. 한 달에 70만 원이라는 거금을 내어가면서.

 부디 제발 다들 오해하지 말았으면 좋겠다. 역삼동에 산다고 해서 모두 돈이 많은 것은 아니니까. 역삼동에도 햇볕 한 줌 들어오지 않는 반지하가 있으니까. 흡사 귀신의 집처럼 보이는 다 쓰러져 가는 주택도 있다. 그리고 월세 라이프를 지속하는 나 같은 사람도 있다는 것을 기억해 줬으면 좋겠다.

 사는 동네는 비싸고 고급스럽기로 유명하지만, 내 삶은 딱히 그렇지 않다. 삼다수를 좋아하지만 탐사수를 마시고, 고디바를 사랑하지만 결국 계산대에는 ABC 초콜릿을 올려두는 서민이다.

 아 그리고 가장 중요한 포인트! 월세 65만 원에 관리비 5만 원. 총 한 달 70만 원에 달하는 월세는 모두 부모님이 지원해 주고 계신다. 어엿하게 월급도 받는 장성한 자식이 아직 두 분의 손을 빌리는 것이 부끄러워 숨고 싶을 때가 많다. 언제쯤 월세살이에서 탈출해, 서울에 어엿한 내 집을 마련해 두 분께 용돈을 드릴 수 있을까. 아득히 먼 미래라 상상도 잘되지 않는다는 사실이 너무 슬프다.

 이런 상황에서 자꾸만 "부자가 아니에요?"라고 물으니 이제는 짜증이 난다.

 언젠가 진짜 부자가 되어 부자라는 소리를 들어도 일말의 부끄러움이 느껴지지 않을 때, 진짜 부자가 되어 내가 가진 것을 누군가에게 아낌없이 나누어 줄 수 있을 때, 형편이 어려워 배움의 기회를 놓친 아이들에게 든든한 후원자가 되어줄 수 있을 때, 그런 날이 온다면 그 누구든 내게 말해도 좋다.

"어머, 유정 씨. 부자이신가 봐요?"라고.
얼마든지 받아줄 수 있었다.

그런 날이 온다면.
하루에 천 번도 들어줄 수 있다.
아니? 만 번도 괜찮다.

집에서 가까운 회사를
선택한 것은 신의 한수

'이제 더는 지하철을 타야 하는 회사에는 가지 않겠어.'

1년 전, 2호선 라인에 있던 회사를 박차고 나오면서 스스로와 약속했다. 이제 더는 지옥철에 시달려야만 닿을 수 있는 회사에 다니지 않겠다고.

그리하여 난 이직할 회사를 물색할 때, 연봉보다도 먼저 집과의 거리를 따졌다. 집에서 걸어서 갈 수 있는 거리인지, 지옥철에 시달려야 하는 것은 아닌지 꼼꼼하게 확인했다. 매일 아침 출근 시간에 쫓기는 사람들 틈에 끼어 하루의 첫 시작을 망치고 싶지는 않았으니까.

다행히도 내가 사는 곳은 역삼동. 덕분에 걸어서 갈 수 있을 법한 회사가 꽤 많았다. 도보로 30분 이내의 회사 중에서 괜찮은 곳들을 1차로 선별했다. 그리고 업무 조건 등을 신중하게 검토한 뒤, 몇 군데에 이력서를 제출했다.

조건이 다 비슷비슷했기에 가장 먼저 연락이 오는 곳으로 출근하리라 결심했다. 다행히 처음으로 면접을 본 곳에서 합격 통보가 날아들었다. 사실 모든 것이 완벽하게 만족스럽지는 않았지만, 집에서 너무 가깝다는 점이 나를 그곳으로 이끌었다. 걸어서 25분, 버스로는 딱 2개의 정거장만 지나면 회사에 이를 수 있다는 점이 무척 매력적이었다. 그렇게 덜컥 입사한 회사를 벌써 1년이나 다니고 있다. 결론부터 말하자면 아주 만족스럽다.

출근 시간은 오전 9시다. 난 대부분 7시 20분에 눈을 뜬다. 창문 너머로 쏟아지는 햇빛을 받으며, 기분 좋게 일어나 준비를 시작한다. 아침밥을 꼭 챙겨 먹는 스타일은 아니라, 비타민 주스를 마시며 오늘 하루를 버티게 해줄 에너지를 채운다.

좋아하는 판도라 반지를 양 손가락에 끼고, 노트북이 든 가방을 어깨에 휙 걸치는 것과 동시에 문을 열고 밖으로 나간다. 문을 열고 나설 때, TV 위에 아슬아슬하게 걸려 있는 시계의 바늘은 한 치의 오차도 없이 정확하게 8시 25분을 가리키고 있다.

출근길에는 언제나 기나긴 골목을 지난다. 이곳을 지날 때면 어쩐지 기분이 좋아진다. 오밀조밀하게 모여 있는 집들, 집 앞을 청소하며 아침을 여는 백발의 어르신들, 따뜻한 곳을 찾아 어슬렁거리는 고양이들을 구경하다 보면 금방 회사까지 바로 이어지는 큰 도로가 나온다.

 대로변으로 나오면 온갖 카페들이 나의 눈을 사로잡는다. 초록색 앞치마를 두른 파트너들이 밀려오는 출근러들을 응대하고 있는 스타벅스부터, 갈색 모자를 쓰고 정신없이 손님들을 맞이하고 있는 커피빈까지. 누군가 문을 열 때마다 바람을 타고 코끝으로 커피 향이 전해진다. 이를 만끽하며 15분 정도 걸으면 회사 입구가 보인다.

 엘리베이터를 타고 사무실에 도착해 겉옷을 고이 벗어둔다. 애정하는 초록색 텀블러에 따뜻한 물을 받아 자리로 돌아간다. 어제의 과업을 마치고 밤새 곤히 잠들어 있던 컴퓨터의 전원을 누른다. 그렇게 일을 시작하고, 정신없이 글을 쓰고 밀려드는 업무를 처리하다 보면 어느덧 퇴근 시간이 성큼 다가와 있다.

 오후 6시. 태양이 자취를 감출 무렵, 주섬주섬 널린 짐들을 하나씩 챙겨 사무실을 나선다. 퇴근길에는 왜 이렇게도 발걸음이 가벼운 것일까. 사뿐사뿐 한 발짝씩 내디디며, 집 근처의 스타벅스까지 간다. 언제 먹어도 맛있는 자몽허니블랙티를 주문하고, 빈자리를 찾아 앉으면 정확하게 6시 20분. 퇴근해서 집 앞의 카페까지 와서 음료를 주문하고, 노트북을 세팅하는 데까지 채 20분이 걸리지 않은 셈이다. 예전 회사였으면 절대 꿈도 꿀 수 없었던 일이다.

6시 20분이면 단 1분이라도 일찍 가려는 사람들 사이에 끼어 아마 숨도 제대로 쉬지 못하고 있었을 것이다. 퇴근 후, 카페? 어림도 없는 일이다. 이미 집으로 돌아오는 길에 모든 에너지를 소진해 버리니까. 문을 여는 동시에 푹신한 매트리스에 몸을 던져, 잠들어 버리기 일쑤였다.

지옥철에 시달리지 않고, 그저 걸어서 회사에 다닐 수 있으니 체력적, 시간적인 여유가 늘어났다. 이렇게 좋은 기회를 놓치고 싶지 않아 사이드프로젝트에 도전했다.

그것은 바로 독립출판과 카카오 브런치! 특별한 약속이 없다면, 거의 매일 퇴근 후, 스타벅스나 커피빈으로 달려가 글을 쓴다. 이 책도 그렇게 썼다. 매일 한 편씩, 너무 피곤한 날에는 절반이라도 썼다. 카카오 브런치도 마찬가지다. 회사 점심시간에 오늘 쓸 주제를 미리 골라두고, 퇴근 후에 곧바로 쭉쭉 써 내려갔다. 덕분에 시작한 지 6개월도 되지 않아, 구독자가 90명 가까이에 이르렀다. 또, 협찬을 받는 쾌거를 이뤄내기도 했다.

이 모든 것은, 내가 현재 누리고 있는 여유는 집에서 가까운 회사를 선택했기에 가능한 일이다. 출퇴근 시간이 줄어들고, 에너지 소모량이 적어졌기에 이뤄질 수 있는 것들이었다. 스스로도 깜짝 놀랄 만큼 삶의 질이 높아졌다.

그래서 난 요즘이 제일 즐겁다. 회사에서는 돈을 벌고, 커리어를 쌓고, 퇴근해서는 매일 글을 쓰는 그런 일상. 본업과 사이드 프로젝트의 균형이 완벽하게 맞아떨어지는 삶. 내 인생에 앞으로 이렇게 평화롭고, 즐거울 때가 있을까 하는 생각이 든다.

이렇게나 선물 같은 순간이 여기서 딱 멈췄으면 좋겠다.
영원히 흘러가지 않았으면 좋겠다.
온 힘을 다해 붙잡아 두고 싶다.

불가능한 일임을 잘 알지만,
간절히 바라는 것은 과한 욕심인 것일까.

엄마, 아빠의
평생 전속 가이드가
되어드리리다

감히 짐작도 할 수 없다. 두 딸을 타지로 떠나보낸 엄마, 아빠의 마음을. 얼마나 허전하시고, 그리울까. 20년이 넘도록 품에 끼고 살던 딸들을 대구, 부산도 아닌 무려 서울로 보냈으니. 경주에서 300km나 떨어져 있는 머나먼 서울에 있으니, 보고 싶을 때 곧장 얼굴을 마주할 수도 없다.

 그래서 부모님은 어떻게든 시간을 내어 서울에 올라오신다. 서울역에 두 분을 마중 나가면, 항상 엄청난 크기의 가방을 들고 KTX에서 내리신다. 단 한 번도 빈손으로 오신 적이 없다.

 다정한 우리 아빠는 형광등 하나 제대로 갈아 끼울 줄 모르는 딸들을 위해 가방 한가득 각종 공구를 챙겨 오신다. 엄마도 그렇다. 두 딸에게 먹이겠다며 밤을 새워 만든 밑반찬과 잡채, 갈비를 보냉 가방에 넣어 오신다. 두 분이 챙겨 오신 것들을 보면 어쩐지 울컥한다. 며칠 동안 딸들을 위해 분주히 움직이셨을 부모님의 모습이 눈에 선해서.

 그런 부모님께 해드릴 수 있는 건, 서울 구경을 실컷 시켜드리는 것뿐이었다. 바쁜 시간을 쪼개어 수시로 인스타그램으로 모시고 갈 만한 곳을 찾았다. 그리고 올라오시기 정확히 일주일 전에 그동안 수집한 곳들을 한데 모아 최종적으로 갈 곳들을 엄선했다. 그런 다음, 최대한 많이 걷지 않아도 되도록 코스를 정하고 인근의 맛집까지 모두 물색해 두었다. 마치 여행 가이드처럼 말이다.

 서울에 사는 4년 동안, 부모님이 오실 때마다 정말 많은 곳을 돌아다녔다. 그중에서 가장 두 분의 만족도가 높았던 코스는 '명동~남산타워'다. 가능한 최대한 많은 곳을 보여드리고 싶어 내가 유난히 심혈을 기울였던 코스다.

 우선 부모님과 함께 명동으로 간다. 명동에서 큰딸 표 패키지 여행이 시작되는 이유는 단 하나. 바로 '명동 교자' 때문. 미쉐린(미슐랭) 가이드에 선정될 정도로 유명한 맛집인 이곳은 내가 한 달에 한 번은 꼭 들르는 칼국수 집이다.

 누군가는 '경주에서 서울까지 올라오셨는데 고작 칼국수를 대접하는 건가?'라고 말할지도 모르겠다. 하지만 이곳의 칼국수는 시중에서 흔히 먹을 수 있는 것이 아니다. 마치 떡국을 먹는 것처럼 진하고 뽀얀 국물에 아낌없이 넣은 만두와 다진

고기까지. 한 입 떠서 입에 넣으면 온몸의 피로가 순식간에 달아난다. 보양식이 따로 없다. 게다가 교자는 어떠한가. 젓가락으로 톡 찌르면 육즙이 와르르 쏟아진다. 고기와 갖은 야채들이 환상적인 조화를 이루는 완벽한 맛. 교자 한 입이면 이 세상 무엇도 더 바랄 것이 없을 정도다.

한겨울에도 땀을 흘리게 만드는 최고의 맛. 워낙 유명한 가게라 줄을 좀 오래 서야 한다는 것이 단점이지만, 부모님은 "정말 맛있다"를 연발하시며, 끊임없이 드셨다.

그렇게 배를 채우고 나면 순환 버스를 타고 남산타워로 향한다. 케이블카를 타는 방법도 있지만, 개인적으로 순환 버스 탑승을 선호한다. 일반 버스와 다르게 매우 쾌적하고, 창문 크기도 커서 아름다운 서울 전경을 감상하기에 안성맞춤이니까.

게다가 케이블카 가격의 1/10 수준이라 여러 명이 타도 부담이 없다. 천천히 운행되는 순환 버스를 타고 남산 정류장에 내리면 딱 10분만 걸어 올라가면 된다. 부모님과 그간 하지 못했던 이야기를 나누며, 걷다 보면 금세 남산타워의 위용을 볼 수 있다.

지난 2016년 12월, 123층에 달하는 롯데타워가 완공된 뒤 찾는 사람들이 현저히 줄어들었지만, 여전히 남산타워는 매력적인 곳이다. 어린아이처럼, 두 분의 손을 꼭 잡고 타워에 올라서면 언제 봐도 신기한 청와대도 먼발치에서나마 구경할 수 있다. 게다가 조선 500년 왕조의 역사가 깃든 경복궁까지 모두 한눈에 내려다볼 수 있다. 또한, 63빌딩과 올림픽 경기장 등 서울의 랜드마크까지 빼놓지 않고 관람할 수 있다.

 여행 가이드처럼 이 건물 저 건물을 가리키며 설명을 하고 나면, 부모님께서는 "너 이제 완전히 서울 사람이 되어버렸네!"라며 활짝 웃으신다. 마치 어린아이처럼 천진난만한 두 분의 미소를 보고 있노라면, 한 달 내내 코스를 짜고 준비한 피로가 모두 달아난다. 더없이 뿌듯하고, 즐겁고, 행복하다.

 남산타워 구경이 끝나면 다시 순환 버스에 몸을 싣는다. 그러고는 동대입구역에서 하차한다. 부모님과 나의 목적지는 태극당 본점. 서울에서 가장 오래된 빵집으로 알려진 태극당은 모나카와 카스테라가 정말 유명하다. tvN 응답하라 시리즈에도 자주 등장할 정도로 레트로 감성이 엄청난 이곳은 맛과 멋을

둘 다 잡은 빵집이라 자주 들르는 곳이다. 부모님도 무척 좋아하신다. 이미 명동교자에서 배를 채우고 왔지만, 우린 밥 배와 빵 배는 따로 있다며 거의 3~4만 원가량의 빵을 고른다.

 빵을 들고 카운터로 가려는 순간, 아빠가 황급히 지갑에서 카드를 꺼내신다. 행여나 딸이 돈을 많이 쓸까 봐, 걱정되어 항상 자신의 카드를 내미는 우리 아빠. 아빠의 마음을 누구보다 잘 알기에 일단 카드를 받아들고, 보시지 않는 사이에 내 주머니에 쓱 넣어버린다. 그런 다음 카운터에서는 내 카드를 꺼내어 결제를 마친 뒤, 아무렇지도 않게 아빠에게 본인의 카드를 돌려드린다.

 아빠의 마음을 잘 알지만, 서울까지 와서 돈을 쓰시게 하고 싶지는 않다. 나도 부모님께 값비싼 빵을 사드릴 수 있을 만큼은 충분히 돈을 버니까. 내 돈으로 부모님께 맛있는 것을 사드려야 돈을 벌어들이는 의미가 있으니까. 배가 터질 때까지 빵을 먹고 마지막으로 모나카로 입가심을 하고 나니 해가 저물기 시작했다.

 큰딸 표 서울 투어를 마치고 나면, 부모님은 항상 내게 계속

고맙다고 말씀하신다. 덕분에 구경 잘하고 간다고. 특히 엄마는 친구들한테 자랑할 것이라며, 큰딸 덕분에 매번 호강한다며 나를 치켜세워 주신다. 그럼 나는 왠지 멋쩍어져서 가렵지도 않은데, 머리를 긁어댄다.

그동안 미처 쑥스러워 말하지 못했지만,
이 책에서라도 부모님께 꼭 전하고 싶은 말이 있다.

앞으로 영원히 부모님만의
전속 가이드가 되어드리겠다는 것.

그 누구도 아닌 오직 당신들을 위한
가이드가 되어주겠다는 것.

그러니 건강하게 오래오래, 내 옆에 계셔 달라는 것.
내가 결혼을 하여 아이를 낳고,
그 아이가 장성하여 결혼을 해서
찬란한 미래를 그려나갈 때까지
변함없이, 행복하게, 즐겁게, 내 옆에서 서 계셔 달라는 것.

엄마, 아빠
큰딸은 언제나 당신만의
전속 가이드가 되어드리겠습니다.
존경합니다. 사랑합니다. 감사합니다.

Part 4.

엄마, 나 서울이 좀 재미있어.

온 가족이 함께 경주에서 살아갈 수는 없는 것일까

마흔이 되면 경주로 돌아가 책방을 열어야지

생의 마지막은 내가 태어난 '경주'에서

온 가족이 함께
경주에서 살아갈 수는
없는 것일까

출근의 의무에서 벗어난 일요일, 온종일 동생과 함께 집에만 있었다. 먹고, 자고, 수다 떨기를 반복하다가 보니, 어느덧 창밖에는 짙은 어둠이 깔려 있었다.

분명 계속 이것저것 먹었는데, 밤 10시가 되니 배가 고팠다. 동생과 나는 '우린 도대체 하는 것도 없는데, 왜 이렇게 배가 고픈 거야?'라고 구시렁거리며, 주섬주섬 옷을 챙겨 입었다. 날씨가 쌀쌀한 탓에 두꺼운 패딩에 목도리까지 둘렀다. 지금 당장 스키장에 가도 무방할 정도로 완전 무장을 하고, 집을 나섰다.

우리 자매의 목적지는 길 건너편에 위치한 단골 부대찌개 식당이었다. 동네에 3~4곳의 부대찌개 전문점이 있었지만, 우리의 발걸음은 항상 그곳으로만 향했다. 유난히 간이 센 음식을 좋아하는 나와 동생에게 물을 연거푸 마셔야 할 정도로 짜디 짠 부대찌개를 내어주는 곳이었으니까. 모둠 사리까지 추가하여 2인분을 주문하고, 동생과 함께 땀까지 삐질삐질 흘리며 한껏 몰입하여 먹었다.

슬슬 허기가 사그라들 무렵, 우연히 옆 테이블을 보게 되었다. 엄마와 아빠로 보이는 어른 2명과 고등학생, 중학생쯤으로 추정되는 자녀들이 옹기종기 붙어 맛있게 부대찌개를 먹고 있었다. 당시에는 코로나19 바이러스가 창궐하기 전이라 식사 시 대화에 전혀 제약이 없던 때였다. 그들은 국물을 떠먹으며 화기애애하게 대화를 이어나갔다.

 아빠는 아이들에게 국자로 부대찌개를 덜어 주었고, 엄마는 혹시나 갈증이 날 것을 염려하여 연신 컵에 음료수를 부어주었다. 때로는 아이들의 머리를 쓰다듬어 주기도 했고, '요즘 학교는 어때?'라며 시시콜콜한 일상을 묻기도 했다. 참 보기 좋았다. 온 가족이 한데 모여 저녁을 먹는 모습이. 서로의 소탈한 일상을 실시간으로 공유하며 함께 웃는 모습이.

 그런데 동생과 나는 어떠한가. 드넓은 식탁에는 오직 둘뿐이었다. 물론, 이야기도 많이 나누고 서로를 살뜰하게 챙기지만. 그래도 모든 가족이 함께 모여 있는 것과는 느낌이 완전히 달랐다. 내가 꽤 오랫동안 그 가족을 지그시 쳐다보고 있으니 동생이 언니, 왜 그러는 것이냐고 물었다. 난 그냥 부러워서 그런다고 답한 뒤, 그들에게서 시선을 거뒀다.

그날 이후로, 우리 가족이 함께 경주에서 살고 싶다는 생각을 자주 하게 됐다. 정작 대학교 때까지, 함께 살 때는 따로 떨어져서 살아보는 것도 좋겠다고 생각했었는데. 막상 함께 살지 못한 지 4년이 넘어가니 그 시절이 왜 이렇게도 그리운 것일까.

 부모님이 퇴근하면 현관으로 달려가 '다녀오셨어요'라고 인사를 하고, 온 가족이 식탁에 둘러앉아 엄마가 정성스럽게 차려준 따뜻한 저녁 밥상을 마주하는 일상으로 이토록 돌아가고 싶을 줄 몰랐다. 주말이면 함께 카페를 가서 수다를 떨고, 겨울이면 아빠의 휴무일에 맞춰 여행을 가던 순간들이 사무치게 그리워질 줄은 미처 알지 못했다.

 하지만 이제 그때로 돌아가는 것은 사실상 불가능하다. 나는 서울에서 밥벌이를 하고 있고, 동생은 서울시 지방직 공무원 시험을 준비하고 있다. 빛나는 청춘의 시기를 노량진에서 공부하며 보내고 있는 것이다. 나 역시, 직업이 마케터이기에 경주로 돌아가면 다닐 만한 회사가 전무하다. 여러 가지 이유로 인해 나와 동생은 경주로 돌아갈 수 없는 상황이다. 안타깝고

절망적이지만, 그것이 현실인 것을 어찌하겠는가.

 불가능하다는 것을 잘 알지만, 그래도 가끔 이런 소원을 빈다. 온 가족이 함께 경주에서 살아가는 순간이 찾아오게 해달라고. 함께 아침을 맞이하고, 서로의 일상을 보내다가, 다시 모여 저녁을 먹고, 하루 동안 있었던 일을 공유하고, 밤이면 다 함께 거실에 누워 침대에서 잠들 수 있기를.

 서울에서 살아가는 기간이 길어질수록, 점점 부모님의 품이 그리워진다. 이미 다 커버렸지만, 그래도 때로는 엄마, 아빠가 보고 싶어 눈물이 날 때가 있다. 한 달에 1~2번밖에 보지 못하니 점점 더 애틋함이 커져만 간다.

 늦둥이 남동생은 볼 때마다 쑥쑥 커서 이제 정말 성인이라고 봐도 무방할 정도로 성장했지만, 부모님은 그렇지 않다. 왜 자꾸 점점 더 야위고, 세월과의 싸움에서 이기질 못하는 것인지. 조금씩 늘어나는 흰머리와 얼굴 곳곳을 장악하기 시작한 주름을 보면 마음이 아프다. '내가 곁에 있었더라면, 더 잘해 드릴 수 있었을 텐데'라는 아쉬움이 밀려온다.

한 달에 한 번, 경주로 내려갔다가 서울로 올라오는 날이면 마음이 아프다. 온 가족이 함께 경주에서 살 수 없다는 슬픔과 괴로움, 아쉬움에 자꾸만 눈물이 차오른다. 애써 꾹 참고, 엄마와 아빠, 남동생에게 인사를 건넨 뒤 홀로 기차에 오르면 순식간에 외로움에 사로잡힌다.

 아마 여동생도 그럴 것이다. 나처럼 겉으로 표현은 잘 하지 않지만, 본인이라고 왜 다 같이 살고 싶지 않겠는가. 한 번도 직접적으로 말하지는 않았지만, 동생의 속마음을 잘 알고 있다. 마음이 아프다.

 그래서 오늘도 언니로서 노력한다. 부모님의 빈자리를 메워주기 위해서. 이른 새벽부터 집을 나서 자정이 다 되어서야 노량진에서 집으로 돌아오는 동생을 위해 최선을 다한다.

 서투른 손놀림으로 야식을 준비하고,
 '오늘도 고생했다'는 다정한 말 한마디를 건넨다.

 지금 상황에서 해줄 수 있는 것은
 고작 이것밖에 없으니까.

마흔이 되면,
경주로 돌아가
책방을 열어야지

죽어서도 가슴을 치며 후회할 일을 남겨두고 싶지 않다. 살아서도 이렇게나 후회로 얼룩진 하루를 보내왔는데, 생을 마감하고 나서까지 그러기는 싫다. 마흔이 되면, 경주로 돌아가 오랫동안 간직해 왔던 나의 꿈을 실현할 것이다.

 내 꿈은 하나다.
 경주로 돌아가 책방을 여는 것이다.

 처음으로 이토록 무엇인가 강렬하게 열망한 것은 처음이다. 만약 꿈을 이루지 못한다면, 난 남은 평생을 후회와 좌절의 늪에 빠져 허우적거릴 것이다. 안 봐도 뻔하다. 생명이 다하여 육신과 영혼이 분리되는 순간까지 땅을 치며 후회하겠지.

 친구가 내게 물었다.

 "유정아 너 책방 왜 하려는 거니?"
 "혹시 단순히 책이 좋아서 차리고 싶은 거야?"

 꼭 그런 것은 아니다. 애서가인 것은 분명하지만, 단순히 책을 좋아한다고 해서 책방을 차리기에는 경제적 어려움이 상당할 것이다. 물론 수익이 꽤 괜찮은 곳들도 있겠지만, 내가 방문했던 대부분의 책방 주인들은 경제적인 어려움을 호소했다.

 책만 팔아서는 월세는 감당하기 어렵다고 했다. 생각보다 남는 돈이 적다며, 부가적인 수입 창출 수단이 필요하다고 입을 모았다. 이를테면 북토크를 개최하고, 책과 관련된 다양한 수업을 개설하며, 잡지에 자신의 글을 기고하거나, 외주작업을 해야만 한다고 했다. 그래야만 넉넉하지는 않아도 어느 정도 책방을 운영해 나갈 수 있다고 했다. 어딘가 모를 씁쓸한 그들의 표정에 나도 마음이 가라앉았다.

 책을 팔아 큰돈을 만질 수 있는 것도 아닌데, 부귀영화를 누릴 수 있는 것도 아닌데, 나는 왜 책방 주인이 되기를 간절히 꿈꾸는 것일까.

 내 간절한 꿈의 끝은 '아이들'에 닿아있다.

 경주의 아이들은 서울, 부산과 같은 대도시에 비해 문화적인 혜택을 마음껏 누리지 못하고 있다. 대형 서점도 하나 없는 이곳의 아이들에게 책을 매개로 다가가 다양한 문화적인 체험을 해볼 기회를 만들어 주고 싶다. 월 1~2만 원 대의 저렴한 비용으로 아이들이 책을 활용한 글쓰기 교육도 받고, 작가들을 초빙하여 북토크도 열어 유익한 시간을 보낼 수 있도록 돕고 싶다.

 아이들의 교육에 좋은 책들을 힘이 닿는 데까지 많이 매입하여 책장 가득 꽂아두고 싶다. 누구나 언제든 나의 작은 책방에 들러 자유롭게 책을 꺼내어봤으면 좋겠다. 일주일에 1번은 독후감 나눔회를 열어 수시로 드나들며 읽었던 책에 대한 자신만의 생각을 다른 이들에게 꺼내 보였으면 좋겠다. 대회가 아닌 '나눔회'이기 때문에 말을 더듬어도 괜찮다. 문장을 완벽하게 구사하지 못해도 아무런 문제가 되지 않는다. 그저 편안하게 자신이 읽은 책에 대해 친구들에게 말해주면 된다.

 하지만 이렇게 운영했다간 결과는 뻔하다. 얼마 지나지 않아 책방의 월세도 제대로 내지 못할 것이다. 명품 가방은 무슨, 에코백 하나도 마음껏 살 수 없겠지. 스타벅스에 가서 커피 한 잔에 케이크 한 조각 사는 것도 최소 몇 번은 고민해야 할 것이다. 나도 안다.

그래서 서른이 아닌, 마흔에 시작하려는 것이다. 지금 난 과하다 싶을 정도로 돈벌이에 열을 올리고 있다. 어떻게든 더 많은 연봉을 받기 위해, 유난스럽다는 소리를 들을 정도로 달려든다. 어떻게 하면 책을 많이 팔아서, 많은 수익을 남길 수 있을지 머리를 쥐어뜯고 있다. 지나치게 돈벌이에 연연하는 모습에 오해를 산 적도 많다.

"넌 아직 20대인데, 왜 이렇게 돈 욕심이 많니?
 죽을 때 그 돈 다 저승으로 싸서 갈 거니?"

이런 오해를 받으면 기분이 나쁘다. 나도 사람이니까. 하지만 최대한 한 귀로 듣고 한 귀로 흘려버린다. 왜냐고? 난 지금 최대한 많은 돈을 벌어 마흔이 되어 만날 책방의 어린이 손님들을 위해 좋은 책을 사들여야 하니까. 아이들이 편히 앉아 책을 읽을 수 있는 책방 공간을 구성해야 하니까. 아이들에게 선물해 줄 다양한 학용품들을 준비해 두어야 하니까. 한참 배가 고플 나이의 꼬마 손님들의 배를 채워줄 맛있는 간식거리들을 사야 하니까.

그래서 어제도, 오늘도 열심히 돈을 벌었고, 벌어갈 것이다. 나와 아이들이 꿈을 펼쳐갈 경주의 '유정 서가'를 위해. 꿈을 이루어 세상에서 가장 행복한 미소를 지을 마흔의 나를 위해.

 힘들어도, 곧 죽을 것 같아도 오늘도 회사로 발걸음을 옮긴다. 손가락이 부서질 것 같지만 꾹 참고 책을 쓰고 만들어나간다. 부지런히.

생의 마지막은
내가 태어난 곳에서

불평등으로 가득 찬 이 세상에서도
누구에게나 공평한 것이 있다.
바로 '죽음'이다.

 인간은 누구나 죽는다. 아무리 발버둥 쳐봐도 소용없다. 아무리 영원불멸한 삶을 원해도 끝내 죽음을 맞이하게 된다. 그것이 순리다. 싫다고 해서 결코 피할 수 있는 것이 아닌 것이 바로 죽음이다.

 누구도 예외일 수 없듯, 나 역시 닥쳐오는 죽음을 피해 갈 수는 없을 것이다. 언젠가 죽어야 한다면, 죽음의 순간에 이르게 된다면 그 마지막은 경주에서 맞이하고 싶다. 엄마, 아빠의 따뜻한 울타리 안에서 이십 년이 넘게 산 나의 고향, 경주에서 말이다.

 하루도 마음 편히 지낸 적 없었던 서울에서 마지막 순간을 직면하고 싶지는 않다. 언제나 내게 안온한 날들을 선물했던 경주여야만 한다. 나의 탄생부터 성장까지 모든 소중한 순간을 지켜봐 주었던 부모님 같은 경주에서 숨을 거두고 싶다.

언젠가는 분명히 결혼할 것이다.

결혼하고 사랑하는 남편과
언제 봐도 귀여운 아이들을 낳겠지.

아이들과 함께 미래를 그려나가며
혼신의 힘을 다해 그들을 키워나갈 것이다.

공부를 잘하는 아이보다는
예의가 바르고 마음이 따뜻한 아이들로
삶을 살아가게 도울 것이다.

그 아이들이 내 도움이 필요하지 않을 정도로
다 커서 내 품을 떠나게 되는 날이 온다면
사랑하는 남편과 배낭 하나 둘러메고
세계 각지로 떠돌아다니며 살고 싶다.

그러다 마지막을 맞이하리라는 예감이 든다면
남편의 손을 꼭 잡고 경주로 돌아와야지.

길다면 길고,

짧다면 짧았던 나의 생과

그 어느 곳도 아닌 '경주'에서 이별해야지.

언제나 딸을 향해
미소지어주시는
엄마, 아빠에게

그리고 사랑하는 동생
소정, 정훈에게

삭막한 서울에서
고단한 매일을 보내고 있는
모든 '지방러'에게
이 책이 작은 위로가 되기를
간절히 바랍니다.

엄마, 서울은 왜 이래?

초판 1쇄 발행 2021년 12월 27일

지은이 한유정

인스타그램 h_yjlilly
블로그 https://blog.naver.com/dbwjd8981
브런치 https://brunch.co.kr/@dbwjd2429

편집 한유정
표지 디자인 리사
발행인 한유정
발행처 유정북스

출판등록 2021년 7월 12일 제2021-000228호
주소 서울특별시 강남구 언주로 13-4 유정북스
이메일 dbwjd8981@naver.com

본 출판물에는 직지소프트의 지원을 받아
'SM3신명조' 서체가 사용되었습니다.

이 책은 저작권법에 따라
보호받는 저작물이므로 무단전제와 무단복제를 금합니다.

책값은 뒤표지에 있습니다.
잘못된 책은 바꾸어 드립니다.

ISBN 979-11-977139-0-3